LANDSHUTER STADTGESCHICHTE

LANDSHUTER STADTGESCHICHTE

WIEDERAUFBAU · BÜRGERVERSCHWÖRUNG · JUDENVERTREIBUNG

BAND 2

ZEICHNUNGEN THOMAS WEYH
TEXTSEITEN WERNER EBERMEIER

ZUM BUCH

Sich als Landshuter nicht für die Geschichte seiner Stadt zu interessieren ist bei der Fülle stummer Zeugen aus vergangener Zeit fast unmöglich. Die Kirchen und Klöster, Adels- und Bürgerhäuser, die Residenz und die Burg Trausnitz haben die Jahrhunderte überdauert und erzählen die Geschichte der Herzogsstadt, die 1204, also genau vor 800 Jahren, begann.

Der erste Band der Landshuter Stadtgeschichte in Comics endete mit dem großen Stadtbrand im Jahr 1342. Der anschließende Wiederaufbau bildet den Auftakt der Handlung dieses zweiten Bandes und bietet zugleich Gelegenheit, den Blick auf verschiedene Handwerke und das mittelalterliche Zunftwesen zu lenken. Eine Handwerkerfamilie ist es denn auch – die Familie des Plattnermeisters Hans Wernhard –, an deren Seite der Leser die bewegten Jahre zwischen dem Stadtbrand und der Hochzeit Herzog Ludwigs des Reichen im Jahr 1452 durchlebt. Viele Ereignisse sorgen für Aufregung im Alltag der Wernhards: Ein Erdbeben bringt die Stadt ins Wanken, die Pest trachtet den Menschen nach dem Leben, es kommt zu heftigen Spannungen zwischen den Bürgern und ihrem Herzog, zu guter Letzt aber darf ausgelassen von Arm und Reich die Vermählung Herzog Ludwigs gefeiert werden.

Ein weiterer Schwerpunkt der wiederum von Ritter Eisi als Erzähler vorgetragenen Geschichte ist das Schicksal der Juden in Landshut.
Ihre Bedeutung für die Stadt, ihre Ausweisung und schließlich die Sagen, die sich um die Ereignisse ranken, werden verwoben mit der übrigen Stadtgeschichte.

Allen, die uns bei der Herausgabe dieses Bandes unterstützt haben, danken wir für ihr freundliches Engagement.

LANDSHUT, APRIL 2004

HELMUT STIX
THOMAS WEYH
WERNER EBERMEIER

LANDSHUTER STADTGESCHICHTE

DAS WELTBILD DES MITTELALTERLICHEN MENSCHEN

Der Abt Joachim von Fiore (um 1200) aus dem süditalienischen Kalabrien meinte, die Zeit, in der er lebe, befinde sich zwischen der Menschwerdung Gottes und seiner Wiederkehr am Jüngsten Tag. Joachim dachte sich demzufolge die Weltgeschichte als eine nach göttlichem Plan ablaufende Heilsgeschichte, die in drei Zeitalter unterteilt sei: in das Zeitalter des Vaters (die Zeit des Alten Testaments), in das des Sohnes (die Zeit des Neuen Testaments) und das des Heiligen Geistes, das nach Berechnungen von Schülern Joachims im Jahre 1260 anbrechen sollte. Da Joachim glaubte, selbst in das mittlere dieser Zeitalter zu gehören, nannte er es "Mittelalter".
Wenn wir heute vom Mittelalter sprechen, denken wir dabei nicht an die Einteilung des Joachim von Fiore, sondern beziehen uns auf die Gelehrten seit der Mitte des 15. Jahrhunderts. Damals hat man sich nämlich begeistert mit den Sprachen und den Schriften der alten Griechen und Römer beschäftigt. Deren Zeitalter bezeichnete man als Altertum oder Antike (von lateinisch "antiquus" – alt). In ihrer Gegenwart aber sahen diese Gelehrten eine Art Fortsetzung der Antike; die vielen Jahrhunderte dazwischen betrachteten sie mit einer gewissen Geringschätzung. Mit dem Wiederaufleben der Antike sahen sie eine neue Zeit anbrechen. Diese Freunde und Erforscher des Altertums und seiner Literatur, die man als Philologen bezeichnet (griechisch "philos" – Freund; "logos" – Wort, Rede), legten unsere heutige Dreiteilung in Antike, Mittelalter und Neuzeit fest. Bis sich diese jedoch in weiteren Kreisen durchsetzte, sollten noch sehr viele Jahre vergehen. Erst im 17. und 18. Jahrhundert hat die Geschichtsschreibung allmählich diese Gliederung übernommen.
Der Mensch des Mittelalters wollte wissen – so schreibt der Historiker Horst Fuhrmann –, wann Gott die Welt erschaffen habe, wann sie untergehen werde, in welchem Abschnitt der Heilsgeschichte er sich selbst gegenwärtig befinde. Dies alles konnte auf verschiedene Weise berechnet werden. Entsprechend dem Psalmwort, dass vor dem Herrn tausend Jahre wie ein Tag seien, hat man für die Dauer der Welt sechs Jahrtausende angenommen. Der Sonntag brauchte als Tag des Herrn nicht in die Berechnung einfließen. Mit der Geburt Christi war, so glaubte man, das letzte Zeitalter angebrochen. Der Gelehrte Pico della Mirandola (gestorben 1494) erwartete dagegen das Ende der Welt für das Jahr 1994. Gemeinsam ist allen derartigen Vermutungen, dass sie auf Deutungen der Heiligen Schrift

beruhen. Die Zeit war überhaupt eine Sache von Religion und Kirche. Dies konnte auch im Alltag unmittelbar erfahren werden. Die Jahreseinteilung erfolgte durch die Kirchenfeste. Die Tageszeit verkündeten die Kirchenglocken. Erst gegen Ende des Mittelalters trat die Rathausuhr gleichsam als weltlicher Zeitmesser neben die Kirchturmuhr. Anfangs hatten diese Uhren nur einen Zeiger zur Angabe der Stunden.
Die Tageseinteilung und Stundenmessung hatte das Mittelalter von den Römern übernommen. Ein Tag dauerte von Sonnenaufgang bis Sonnenuntergang. Entsprechend waren die Tagesstunden im Sommer länger als die Nachtstunden und im Winter die Nachtstunden länger als die Tagesstunden. Erst seit dem Ende des 13. Jahrhunderts setzte sich mit dem Bau mechanischer Uhren eine Tageseinteilung in zwölf gleich lange Stunden durch.
Zur Zeitmessung dienten Jahrhunderte lang Sanduhren, Wasseruhren, Kerzen mit Markierungen und Sonnenuhren, von denen es seit der Antike auch tragbare Ausführungen gab.
Der mittelalterliche Mensch sah die Welt auch in räumlicher Hinsicht nach einem göttlichen Plan geordnet. Die Erde dachte man sich in der Mitte des Alls als flache Scheibe auf dem Weltmeer schwimmend. In der Mitte der Erde liegt Jerusalem. Hier treffen die drei Erdteile Asien, Europa und Afrika zusammen, wobei Asien die Hälfte der Erde bedeckt, Europa und Afrika jeweils ein Viertel. Die Bewohner der drei Erdteile waren die Nachkommen der drei Söhne Noahs.
In ihrem zumeist harten, von Krankheit und Not bedrohten Leben fanden die Menschen Trost und Kraft im christlichen Glauben. Sie sahen sich in einen göttlichen Welt- und Heilsplan eingeordnet, der ihrem Dasein Sinn verlieh. Von der Geburt bis zum Tod begleiteten Sakramente und religiöse Feste den Alltag. Kirchen und Klöster bestimmten als steinerner Ausdruck des Glaubens das mittelalterliche Stadtbild.

DER WIEDERAUFBAU NACH DEM STADTBRAND

Während der über den Trümmern der eingestürzten Häuser wabernde Qualm noch die Luft trübte und vereinzelt Flammen aus glimmenden Balken züngelten, begannen die Bürger sich zu besprechen, wie es weitergehen solle. Zuerst, so entschieden sie, müssten jene, deren Häuser verschont geblieben waren, ihren weniger glücklichen Mitbürgern Unterschlupf gewähren. Für alle, die auf diese Weise keine vorübergehende Bleibe finden könnten, sollten Notunterkünfte angelegt werden. Zu diesem Zweck wollte man auch auf Scheunen und Stallungen zurückgreifen. Als Glück im Unglück konnte man werten, dass das Feuer im Frühjahr ausgebrochen war, sodass bis zum Beginn des nächsten Winters einige

Monate zur Verfügung standen, um die Folgen der Katastrophe in den Griff zu bekommen.
Die Nachricht vom Landshuter Stadtbrand beunruhigte auch anderen Orts die Menschen. Deshalb wurde schon wenig später von Kaiser Ludwig dem Bayern die Verordnung erlassen, dass künftig zur Verhütung von Bränden die Häuser nur noch mit Ziegeln gedeckt werden dürften und, wo möglich, aus Stein zu errichten seien.
Waren bis jetzt – angesichts der vielen Holzhäuser – die Zimmerer gefragte Leute gewesen, so traten nun die Maurer an ihre Stelle. Freuen durften sich vor allem aber auch die Ziegeleien. Während unsere Gegend einerseits an Natursteinen sehr arm ist, weist sie andererseits jedoch reiche Lehmvorkommen auf. Und aus diesem Lehm wurden die Backsteine gebrannt, aus denen die neu entstehenden Bürgerhäuser und bald die neuen gotischen Kirchen St. Martin, St. Jodok und Heiliggeist errichtet wurden. Die "Backsteingotik" des 14. und 15. Jahrhunderts prägt bis heute das unverwechselbare Bild unserer Stadt.

DIE HERSTELLUNG DER BACKSTEINE

Seit alter Zeit befanden sich die städtischen Ziegelöfen und Ziegelstädel auf dem Gelände zwischen dem Hofgarten und der Kirche Heilig Blut. Offenbar waren dort auch die nötigen Lehmvorkommen anzutreffen. Die Gegend um die heutige Bernlochnerschlucht, die früher Ziegelkreppe hieß, scheint ein ergiebiges Abbaugebiet gewesen zu sein.
Dass in Landshut Ziegel von hoher Qualität produziert wurden, sprach sich bis München herum. Denn im Jahr 1434 wandten sich die Münchner an den Landshuter Ziegelmeister um Rat und Gutachten. Aus diesem Gutachten und aus Rechnungen, die uns aus dem Ende des 15. Jahrhunderts erhalten sind, lässt sich ein wohl weitgehend zutreffendes Bild von der Arbeit in einer mittelalterlichen Ziegelei gewinnen.
Die Belegschaft bestand aus einem Ziegelmeister, zwei bis fünf Ziegelknechten und ein bis zwei Modelkindern. Zu den Aufgaben der Ziegelknechte gehörte es, den Lehm abzubauen. Diese Arbeit wurde in der Fastenzeit vor Ostern erledigt. War sie geschehen, hat man das auf Wägen herbeitransportierte Material unter Wasser gesetzt und möglichst lange in diesem Zustand belassen, damit sich Verunreinigungen lösen und vorkommende knotenartige Verhärtungen weich werden konnten. Nach dem Wässern wurde der Ton in einer dünnen Schicht, vermutlich von Kindern, mit den Füßen durchgetreten. Dabei hat man weitere Verunreinigungen wie Steinchen und anderes, was sich im Wasserbad nicht abgesondert hatte, entfernt. Tonschicht für Tonschicht wurde auf

diese Weise bearbeitet. Das Material hat man dann über den Winter gelagert und erst im folgenden Jahr zu Mauersteinen, Dachziegeln und Pflastersteinen weiterverarbeitet. Dabei schlugen die Modelkinder den Ton in Holzformen und glätteten die Oberfläche. Die lederharten Ziegel wurden schließlich von den Ziegelknechten in den Ofen "eingetragen". Das Brennmaterial war Holz, das man mit Stroh entzündete. Nach dem Brand, den der Meister selbst überwachte, entnahmen die Knechte die fertigen Backsteine und lagerten sie, bis sie auf einer der vielen Baustellen gebraucht wurden. Gebrannt hat man in den Arbeitsmonaten, also von der Woche nach Ostern bis zum November, etwa alle drei bis vier Wochen.
Der Meister verdiente in der Woche 115 Pfennig; in Wochen, in denen gebrannt wurde, das Doppelte. Der Tageslohn eines Knechts betrug elf Pfennig, während sich ein Modelkind mit sechs oder sieben Pfennig begnügen musste. Verkauft durfte die Ware erst dann werden, wenn sie von der Obrigkeit begutachtet worden war. Steine, die nicht richtig gebrannt waren, wurden ausgemustert und zerschlagen.
Die gotischen Ziegel waren im Allgemeinen noch von hoher Qualität. An ihre hervorragenden Eigenschaften konnten die Ziegel späterer Jahrhunderte kaum mehr heranreichen. Mitverantwortlich für diesen Qualitätsverlust dürfte das Aufkommen des Putzes gewesen sein, hinter dem die Ziegel nun vor den Blicken kritischer Betrachter verschwanden.

MAURER UND ZIMMERLEUTE

Über die Arbeitsverhältnisse der Maurer und Zimmerleute wissen wir aufgrund der günstigen Quellenlage recht gut Bescheid. Im Jahr 1361 hat nämlich der damalige Landshuter Stadtschreiber ein Stadtbuch angelegt, in dem wir genaue Nachrichten über die Bauhandwerke finden. Anfang und Ende des Arbeitstages waren demnach so festgelegt, dass man ans Werk zu gehen hatte, wenn es so hell war, dass man die Richtschnur sehen konnte; Feierabend war entsprechend, wenn das nicht mehr möglich war. Weiter heißt es: Das Mittagessen etwa um elf Uhr und die Brotzeit ungefähr um drei Uhr sollen die Maurer und Zimmerleute auf der Baustelle zu sich nehmen. An Lohn soll ein Meister des Zimmererhandwerks und des Maurerhandwerks vom Tag des heiligen Georg (23. April) bis zum Tag des heiligen Michael (29. September) acht Pfennig erhalten. Einem, der mit der Kelle gut umgehen kann, und einem, der mit dem Beil wohl schneiden kann, soll man sechs Pfennig bezahlen. Das Frühstück ist jedem zu geben, darüber hinaus aber nichts mehr. Wenn ein Maurer oder Zimmermann seinen Meister verlassen will, weil ihm ein anderer mehr Lohn bietet, oder wenn im

umgekehrten Fall ein Meister einen Gesellen abzuwerben versucht, indem er ihm mehr Lohn verspricht, dann soll beiden das Handwerk für ein ganzes Jahr verboten sein.
In der Handwerksordnung der Steinmetzen und Maurer aus dem Jahr 1470 erfahren wir weitere Einzelheiten. Alle Meister sollen durch den inneren und äußeren Rat "gesetzt" werden. Sie müssen schwören, dass sie die Bauten des Stadtrats fördern und einen Bauauftrag, den sie einmal angenommen haben, nicht wieder abgeben. Weder ein Meister noch ein Geselle oder ein Lehrling, mag er innerhalb oder außerhalb der Stadt wohnen, darf zwischen dem St. Georgstag (23. April) und dem St. Jakobstag (25. Juli) eine Arbeit auf dem Land annehmen. Das darf er nur dann, wenn er in der Stadt keine findet und er obendrein vom Bürgermeister die Erlaubnis dazu eingeholt hat. Ist aber die Arbeit auf dem Land beendet und werden in der Stadt Arbeitskräfte gebraucht, muss er sich hier wieder zur Verfügung stellen. – In den Wintermonaten arbeiteten die gewöhnlichen Maurer oft als Brauknechte.
In einer Ergänzung der Handwerksordnung von 1470 ist festgelegt, dass die Maurermeister von Ende Februar bis Mitte Oktober 24 Pfennig als Tageslohn bekommen sollen, sofern sie keine Verpflegung erhalten, im anderen Fall 16 Pfennig und die Kost. Was diese anbetraf, so gab es für den Meister als Frühstück eine Suppe, ein paar Eier und ein halbes Kännchen Wein. Wenn er Fleisch in der Suppe haben wollte, wurden ihm die Eier gestrichen. Das Mittagessen bestand aus drei Speisen, vermutlich Suppe, Fleisch und Gemüse, sowie einem halben Kännchen Wein. Die Brotzeit umfasste ebenfalls Suppe, ein paar Eier und ein halbes Kännchen Wein; auch Käse konnte dabei sein. Der Bauherr durfte den Meister – und nur diesen – einladen und an seinem Tisch bewirten.
Zum Mittagessen durfte man gehen, wenn die Uhr von St. Martin elf geschlagen hatte, Schlag zwölf war die Arbeit wieder aufzunehmen. Die Brotzeit, für die man sich eine halbe Stunde Zeit lassen konnte, wurde um drei Uhr eingenommen.

DIE ZÜNFTE

Die Meister eines einzelnen Handwerks schlossen sich mit ihren Gesellen und Lehrlingen zu einem Verband zusammen. In Landshut ist das Zusammentreten von Handwerkern in Zünften etwa seit der Zeit um 1360 zu beobachten. Die Zunft sorgte für die Sicherung der beruflichen Existenz, schützte vor unlauterem Wettbewerb, überwachte das handwerkliche Können und regelte die Preise, die Arbeitszeiten sowie die Ausbildung des Nachwuchses. Die Zünfte wurden von gewählten Zunftmeistern geleitet. Diese waren drei oder vier mit Vollmachten versehene Meister, die man aufgrund ihrer gewöhnlichen Anzahl auch Viermeister nannte. Sie

waren in ihren Beschlüssen den Handwerksgenossen verantwortlich und wurden vom Stadtrat beaufsichtigt. Dieser entschied auch, ob sich jemand als Handwerker niederlassen durfte.
Die Zunftmeister trafen sich von Zeit zu Zeit in der Zunftherberge. Darunter verstand man eine bestimmte Gaststätte, in der sie über ihre Angelegenheiten sprachen. Hier wurde auch die Zunfttruhe aufbewahrt. Diese beinhaltete wichtige Gegenstände der Zunft wie Handwerksbuch, Siegel und Urkunden. Das Zunftzeichen an der Straßenseite der Herberge bedeutete für die wandernden Gesellen, dass sie hier nach den Wohnungen der Meister fragen konnten, die sie besuchen wollten. In der Zunftherberge wurden sie durch das Handwerk bewirtet.
Zu den sozialen Aufgaben der Zünfte gehörte die Unterstützung von Mitgliedern, die unverschuldet in Not geraten waren. So erhielten Handwerker, die wegen einer Krankheit oder eines Unfalls arbeitsunfähig geworden waren, finanzielle Hilfe. Die Witwen von Handwerkern konnten aus den Mitgliedsbeiträgen, die an den Versammlungstagen in die Zunftbüchse eingeworfen wurden, unterstützt werden.
Daneben verstanden sich die Zünfte als kirchliche Bruderschaften und regelten als solche die Teilnahme an Gottesdiensten, Prozessionen und Beerdigungen und die Abhaltung von Jahrestagen. Die Zünfte waren also Lebensgemeinschaften in wirtschaftlicher, sozialer und religiöser Hinsicht.

DAS ERDBEBEN

Nur ein paar Jahre nach dem großen Stadtbrand sahen sich die Landshuter neuen Gefahren und neuem Unglück ausgesetzt.
Am 25. Januar 1348 erschütterte ein heftiges Erdbeben Mitteleuropa. Sein Zentrum lag im Raum Villach; der Durchmesser des Erschütterungsgebietes soll über 600 Kilometer betragen haben, so dass also auch unsere Stadt davon betroffen war. Dem Hauptbeben folgten mehrere Nachbeben. Es heißt, die Beben hätten 40 Tage lang das südliche Deutschland in Atem gehalten und es seien Tausende unter den Trümmern ihrer Wohnungen begraben worden.

HEY FANS, DA BIN ICH WIEDER: EISI, EUER GESCHICHTS-PROFI! DRAGO KOMM! HIER HER, BEI FUSS!

FEIN, BRAVER DRACHE! SO, ICH MÖCHTE JETZT GERNE ERZÄHLEN: VON LANDSHUT UND DER LANGEN, BEWEGTEN GESCHICHTE DIESER STADT. IMMERHIN WIRD HIER EIN MEGA-JUBILÄUM GEFEIERT, DRAGO: LANDSHUTS 800. GEBURTSTAG!
WIE HIER ALLES ANGEFANGEN HAT, MIT DER GRÜNDUNG DER STADT IM JAHR 1204, HABE ICH IM ERSTEN BAND DIESER BUCHREIHE SCHON BESCHRIEBEN. DA BIN ICH BIS ZU DEM GROSSEN BRAND IN LANDSHUT GEKOMMEN, BEI DEM HIER 112 HÄUSER VOLLSTÄNDIG ABGEBRANNT SIND. EINE KATASTROPHE!!
ABER DIE BÜRGER LANDSHUTS LASSEN SICH SO SCHNELL NICHT ENTMUTIGEN, GELL DRAGO! SCHAUEN WIR DOCH MAL IN DIE ABGEBRANNTE INNENSTADT: IN DER HARNISCHGASSE, NAHE DER ALTEN MARTINSKIRCHE, WOHNT... ODER WOHNTE VIELMEHR, DIE FAMILIE WERNHARD...
WIR SCHREIBEN DEN 7. MAI 1342:
EI-EI-EIEIEI! SCHAUT HER, DA GLÜHT ES JA NOCH! MEINE WERKSTATT... DIE WOHNUNG... ALLES VERBRANNT! WO SOLLEN WIR JETZT BLOSS ÜBERNACHTEN?
DU HANS, DIE NÄCHSTE ZEIT KÖNNT IHR NATÜRLICH BEI UNS WOHNEN. UNSER HAUS IST JA VERSCHONT GEBLIEBEN. KOMMT MIT ZU UNS. KOPF HOCH!
BEI UNS IM HAUS WIRD DIE FAMILIE MEINER SCHWESTER WOHNEN. DEREN HAUS HAT ES AUCH ERWISCHT. ABER WIR RICHTEN ES EUCH IN DER SCHEUNE EINIGERMASSEN EIN, DAMIT IHR DORT SCHLAFEN KÖNNT.
WIE KANN ICH DIR NUR DANKEN, WOLFGANG? WIR HABEN NICHTS MEHR! SIEH DIR DAS AN; FAST DIE GANZE ALTSTADT IN SCHUTT UND ASCHE!!

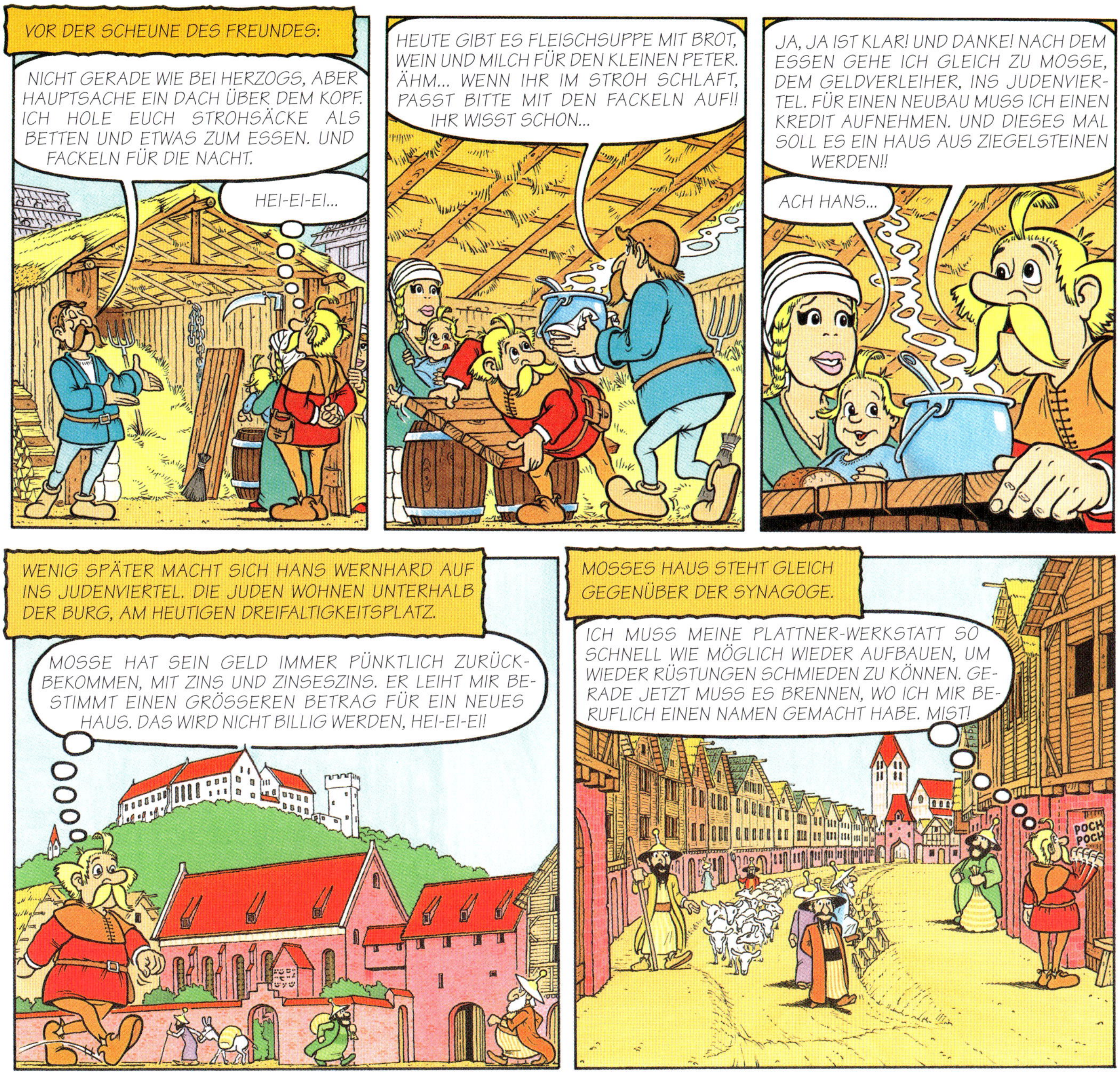
VOR DER SCHEUNE DES FREUNDES:
NICHT GERADE WIE BEI HERZOGS, ABER HAUPTSACHE EIN DACH ÜBER DEM KOPF. ICH HOLE EUCH STROHSÄCKE ALS BETTEN UND ETWAS ZUM ESSEN. UND FACKELN FÜR DIE NACHT.
HEI-EI-EI...
HEUTE GIBT ES FLEISCHSUPPE MIT BROT, WEIN UND MILCH FÜR DEN KLEINEN PETER. ÄHM... WENN IHR IM STROH SCHLAFT, PASST BITTE MIT DEN FACKELN AUF!! IHR WISST SCHON...
JA, JA IST KLAR! UND DANKE! NACH DEM ESSEN GEHE ICH GLEICH ZU MOSSE, DEM GELDVERLEIHER, INS JUDENVIERTEL. FÜR EINEN NEUBAU MUSS ICH EINEN KREDIT AUFNEHMEN. UND DIESES MAL SOLL ES EIN HAUS AUS ZIEGELSTEINEN WERDEN!!
ACH HANS...
WENIG SPÄTER MACHT SICH HANS WERNHARD AUF INS JUDENVIERTEL. DIE JUDEN WOHNEN UNTERHALB DER BURG, AM HEUTIGEN DREIFALTIGKEITSPLATZ.
MOSSE HAT SEIN GELD IMMER PÜNKTLICH ZURÜCKBEKOMMEN, MIT ZINS UND ZINSESZINS. ER LEIHT MIR BESTIMMT EINEN GRÖSSEREN BETRAG FÜR EIN NEUES HAUS. DAS WIRD NICHT BILLIG WERDEN, HEI-EI-EI!
MOSSES HAUS STEHT GLEICH GEGENÜBER DER SYNAGOGE.
ICH MUSS MEINE PLATTNER-WERKSTATT SO SCHNELL WIE MÖGLICH WIEDER AUFBAUEN, UM WIEDER RÜSTUNGEN SCHMIEDEN ZU KÖNNEN. GERADE JETZT MUSS ES BRENNEN, WO ICH MIR BERUFLICH EINEN NAMEN GEMACHT HABE. MIST!
POCH POCH

.... IN DER JUDENGASSE 7:
SCHALOM, MOSSE! WIE GEHT'S DIR?
AH, MEISTER WERNHARD! SCHALOM!
GUT GEHT'S UNS! WIE DU SIEHST, HAT DER HERR, DER ALLMÄCHTIGE, UNSER HAUS VOR DER BRANDKATASTROPHE BESCHÜTZT. KOMM DOCH MIT REIN, HANS! TRINKEN WIR EINEN WEIN.
DA SAGE ICH NICHT NEIN, MOSSE!!
DU KANNST DIR BESTIMMT DENKEN, WARUM ICH HIER BIN. ICH BRÄUCHTE EINEN KREDIT FÜR EIN NEUES HAUS. ZUR ZEIT WOHNEN WIR IN EINER SCHEUNE! WIR HABEN NICHTS MEHR!
KOMM DOCH, SETZ DICH!
DANKE! ICH DENKE, DA WERDE ICH SCHON ETLICHE PFUND PFENNIGE BRAUCHEN! ES IST VIEL, ICH WEIß...
HM... SO IST ES! ABER WEIL DU ES BIST, HANS: MACHEN WIR DEN VERTRAG!
DER BETRAG IST 3 MONATE ZINSFREI, DANN SIND 2 PFENNIG PRO PFUND UND WOCHE ZU ZAHLEN.
IST KLAR, MOSSE... — SEUFZ —
HIER IST DAS GELD. ICH WÜNSCHE DIR GUTES GELINGEN UND: SCHALOM!
SCHALOM MOSSE! ICH DANKE DIR SEHR! ZUM RICHTFEST SEID IHR JETZT SCHON EINGELADEN.

WIEDER ZURÜCK BEIM FREUND IN DER SCHEUNE:
HA! DAS GELD HAB ICH! JETZT BRAUCHE ICH EINEN MAURER-MEISTER, EINEN GUTEN!!
DU HANS, MEIN BRUDER IST MAURER, DER WÄRE WAS FÜR DICH!
FAHREN WIR DOCH GLEICH MAL ZUR ZUNFTHERBERGE DER MAURER RÜBER, VIELLEICHT IST ER DORT. MEIN BRUDER MACHT SAUBERE ARBEIT!
GUTE IDEE! PASS GUT AUF DAS GELD AUF, LENA! ICH WILL KEINE ZEIT VERLIEREN. BIS SPÄTER.
PST! NICHT SO LAUT! PETER IST GERADE EINGE-SCHLAFEN!
VOR DER ZUNFTHERBERGE DER MAURER HERRSCHT REGER ANDRANG. VIELE WOLLEN JETZT NEU BAUEN!
...WAS ZU ERWARTEN WAR! ICH SEHE ZU, OB ICH MEINEN BRUDER FINDE. WARTE HIER HERAUSSEN, HANS!
STADTRÄTE SIND AUCH DA! DIE REGELN BESTIMMT DIE AUFTRAGS-VERGABE! NUR GUT, DASS ICH DICH KENNE, WOLFGANG...
DAS WIRTSHAUS IST ZUM BERSTEN VOLL. STADTRÄTE ERLÄUTERN DIE PLÄNE DES HERZOGS, DIE DEN WIEDER-AUFBAU DES ZERSTÖRTEN LANDSHUT REGELN SOLLEN.
...DANN DÜRFEN KÜNFTIG DIE HÄUSER NUR NOCH MIT DACH-ZIEGELN EINGEDECKT WERDEN! STROHDÄCHER SIND AB SO-FORT TABU!! WEM ES MÖGLICH IST, DER SOLL SEIN HAUS AUS ZIEGELSTEIN BAUEN! WEITERHIN...
...AH JA! FRANZ! PST! KOMM MAL MIT RAUS!

ABER NUR KURZ! DU SIEHST JA: BEI UNS IST DIE HÖLLE LOS. ALLE WOLLEN JETZT BAUEN! WAS GIBTS DENN?
HIER, DAS IST EIN GUTER FREUND VON MIR, PLATTNERMEISTER WERNHARD. ER SUCHT AUCH EINEN MAURERMEISTER. EINEN KREDIT HAT ER SCHON FÜR EIN ZIEGELSTEINHAUS. KANNST DU DA WAS FÜR IHN TUN, FRANZ?
HMM...
...ZWEI AUFTRÄGE HAB ICH SCHON ANGENOMMEN. ABER DER HERZOG LÄSST JETZT NOCH MAURER UND GESELLEN AUS SEINEN ANDEREN STÄDTEN KOMMEN. ICH HABE AUCH WELCHE ZUGETEILT BEKOMMEN. EIN NEUBAU WÜRDE NOCH GEHEN... GUT! ICH MACHE ES!!
SCHLAGT EIN, MEISTER WERNHARD! ÜBER DEN PREIS WERDEN WIR UNS SCHON EINIG. ICH MUSS JETZT WIEDER REIN, IHR VERSTEHT... ACH JA:...
...IHR KÖNNT SCHON DIE ZIEGELSTEINE IN DER ZIEGELEI VORBESTELLEN. IHR SEHT JA, WIE VIELE JETZT STEINHÄUSER BAUEN WOLLEN! ALSO DANN...
HANS WERNHARD UND SEIN FREUND FAHREN ZU EINER ZIEGELEI ...
WIE VIELE ZIEGELSTEINE SOLL ICH DENN BESTELLEN? ICH HÄTTE GERNE ZWEI STOCKWERKE?...
HM... DA HABE ICH LEIDER AUCH KEINE ERFAHRUNG.

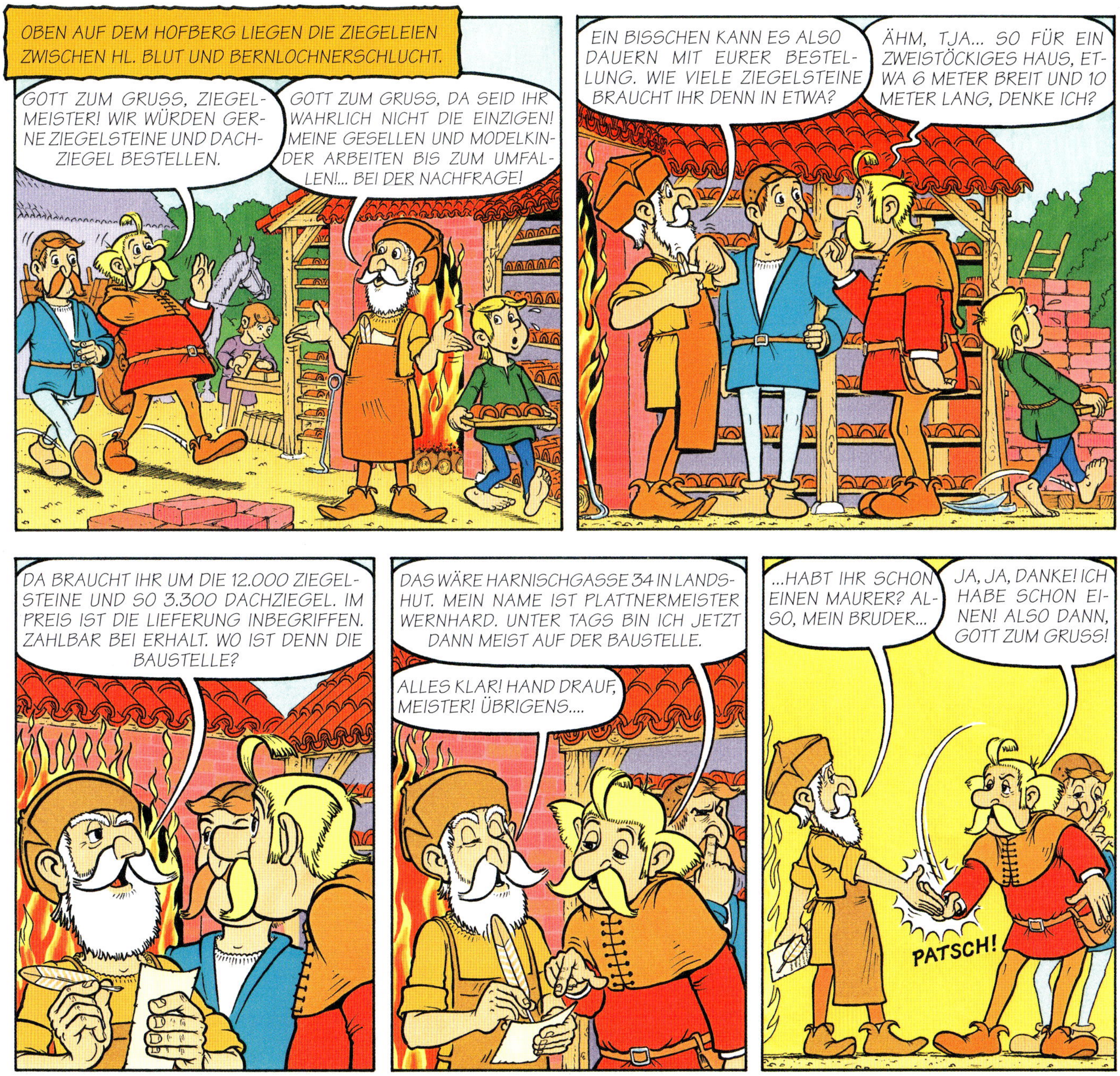
OBEN AUF DEM HOFBERG LIEGEN DIE ZIEGELEIEN ZWISCHEN HL. BLUT UND BERNLOCHNERSCHLUCHT.
GOTT ZUM GRUSS, ZIEGELMEISTER! WIR WÜRDEN GERNE ZIEGELSTEINE UND DACHZIEGEL BESTELLEN.
GOTT ZUM GRUSS, DA SEID IHR WAHRLICH NICHT DIE EINZIGEN! MEINE GESELLEN UND MODELKINDER ARBEITEN BIS ZUM UMFALLEN!... BEI DER NACHFRAGE!
EIN BISSCHEN KANN ES ALSO DAUERN MIT EURER BESTELLUNG. WIE VIELE ZIEGELSTEINE BRAUCHT IHR DENN IN ETWA?
ÄHM, TJA... SO FÜR EIN ZWEISTÖCKIGES HAUS, ETWA 6 METER BREIT UND 10 METER LANG, DENKE ICH?
DA BRAUCHT IHR UM DIE 12.000 ZIEGELSTEINE UND SO 3.300 DACHZIEGEL. IM PREIS IST DIE LIEFERUNG INBEGRIFFEN. ZAHLBAR BEI ERHALT. WO IST DENN DIE BAUSTELLE?
DAS WÄRE HARNISCHGASSE 34 IN LANDSHUT. MEIN NAME IST PLATTNERMEISTER WERNHARD. UNTER TAGS BIN ICH JETZT DANN MEIST AUF DER BAUSTELLE.
ALLES KLAR! HAND DRAUF, MEISTER! ÜBRIGENS....
...HABT IHR SCHON EINEN MAURER? ALSO, MEIN BRUDER...
JA, JA, DANKE! ICH HABE SCHON EINEN! ALSO DANN, GOTT ZUM GRUSS!
PATSCH!

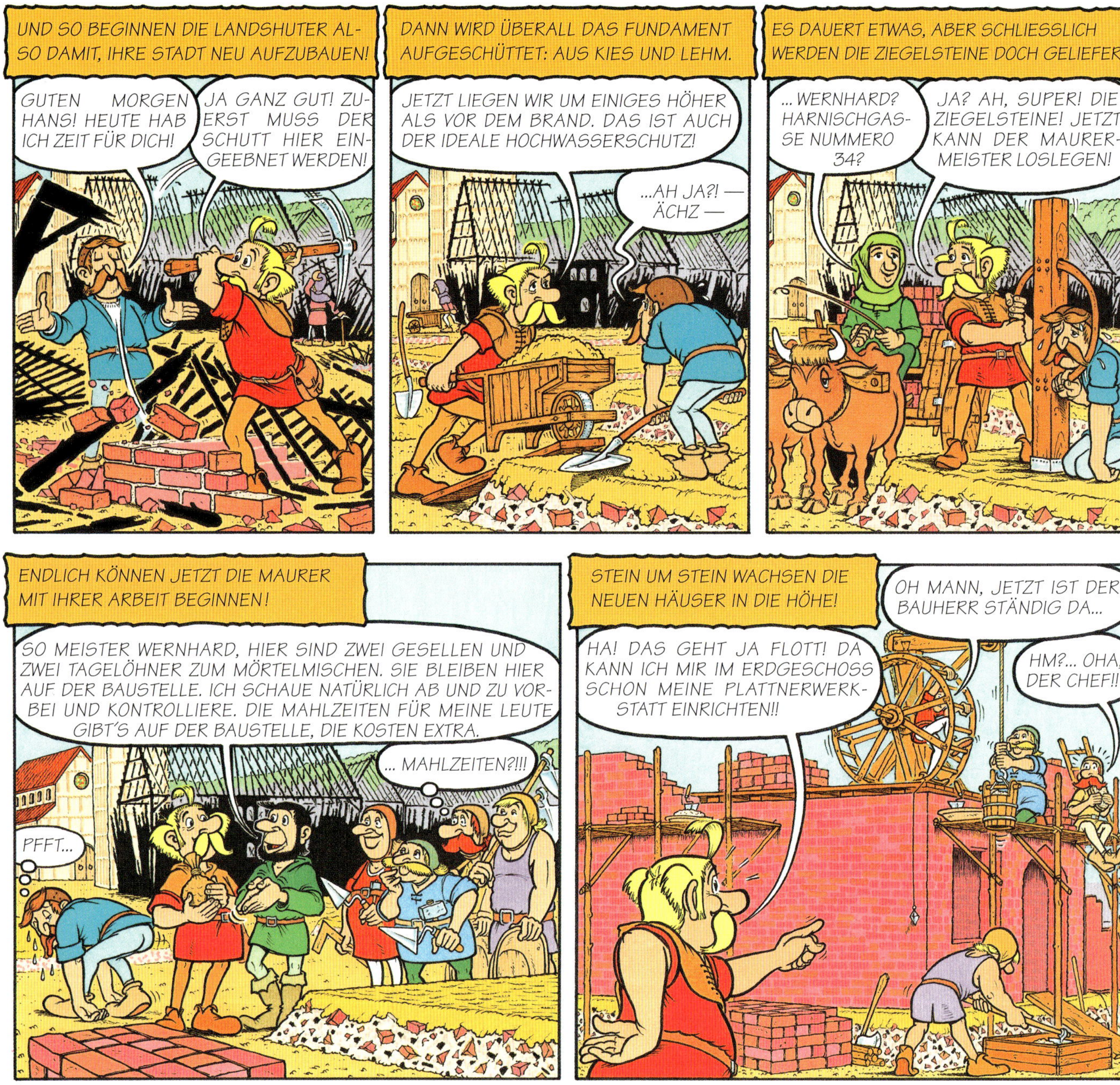
UND SO BEGINNEN DIE LANDSHUTER AL-SO DAMIT, IHRE STADT NEU AUFZUBAUEN!
GUTEN MORGEN HANS! HEUTE HAB ICH ZEIT FÜR DICH!
JA GANZ GUT! ZU-ERST MUSS DER SCHUTT HIER EIN-GEEBNET WERDEN!
DANN WIRD ÜBERALL DAS FUNDAMENT AUFGESCHÜTTET: AUS KIES UND LEHM.
JETZT LIEGEN WIR UM EINIGES HÖHER ALS VOR DEM BRAND. DAS IST AUCH DER IDEALE HOCHWASSERSCHUTZ!
...AH JA?! — ÄCHZ —
ES DAUERT ETWAS, ABER SCHLIESSLICH WERDEN DIE ZIEGELSTEINE DOCH GELIEFERT.
... WERNHARD? HARNISCHGAS-SE NUMMERO 34?
JA? AH, SUPER! DIE ZIEGELSTEINE! JETZT KANN DER MAURER-MEISTER LOSLEGEN!
ENDLICH KÖNNEN JETZT DIE MAURER MIT IHRER ARBEIT BEGINNEN!
SO MEISTER WERNHARD, HIER SIND ZWEI GESELLEN UND ZWEI TAGELÖHNER ZUM MÖRTELMISCHEN. SIE BLEIBEN HIER AUF DER BAUSTELLE. ICH SCHAUE NATÜRLICH AB UND ZU VOR-BEI UND KONTROLLIERE. DIE MAHLZEITEN FÜR MEINE LEUTE GIBT´S AUF DER BAUSTELLE, DIE KOSTEN EXTRA.
... MAHLZEITEN?!!!
PFFT...
STEIN UM STEIN WACHSEN DIE NEUEN HÄUSER IN DIE HÖHE!
OH MANN, JETZT IST DER BAUHERR STÄNDIG DA...
HA! DAS GEHT JA FLOTT! DA KANN ICH MIR IM ERDGESCHOSS SCHON MEINE PLATTNERWERK-STATT EINRICHTEN!!
HM?... OHA, DER CHEF!!

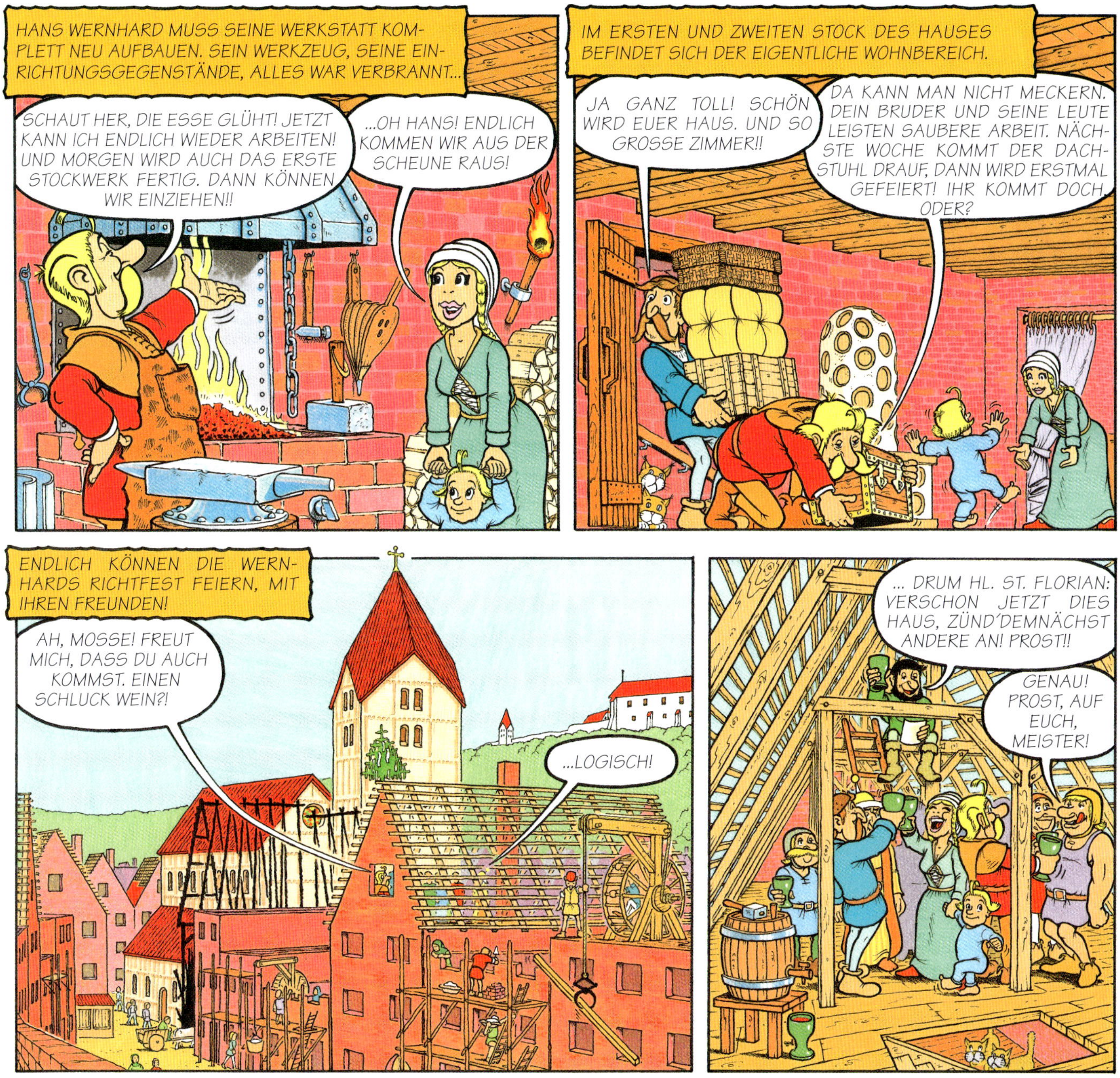

HANS WERNHARD MUSS SEINE WERKSTATT KOMPLETT NEU AUFBAUEN. SEIN WERKZEUG, SEINE EINRICHTUNGSGEGENSTÄNDE, ALLES WAR VERBRANNT...
SCHAUT HER, DIE ESSE GLÜHT! JETZT KANN ICH ENDLICH WIEDER ARBEITEN! UND MORGEN WIRD AUCH DAS ERSTE STOCKWERK FERTIG. DANN KÖNNEN WIR EINZIEHEN!!
...OH HANS! ENDLICH KOMMEN WIR AUS DER SCHEUNE RAUS!
IM ERSTEN UND ZWEITEN STOCK DES HAUSES BEFINDET SICH DER EIGENTLICHE WOHNBEREICH.
JA GANZ TOLL! SCHÖN WIRD EUER HAUS. UND SO GROSSE ZIMMER!!
DA KANN MAN NICHT MECKERN. DEIN BRUDER UND SEINE LEUTE LEISTEN SAUBERE ARBEIT. NÄCHSTE WOCHE KOMMT DER DACHSTUHL DRAUF, DANN WIRD ERSTMAL GEFEIERT! IHR KOMMT DOCH, ODER?
ENDLICH KÖNNEN DIE WERNHARDS RICHTFEST FEIERN, MIT IHREN FREUNDEN!
AH, MOSSE! FREUT MICH, DASS DU AUCH KOMMST. EINEN SCHLUCK WEIN?!
...LOGISCH!
... DRUM HL. ST. FLORIAN: VERSCHON JETZT DIES HAUS, ZÜND'DEMNÄCHST ANDERE AN! PROST!!
GENAU! PROST, AUF EUCH, MEISTER!

DIE SPUREN DER GROSSEN BRANDKATASTROPHE IN DER STADT VERSCHWINDEN. HAUS FÜR HAUS BAUEN DIE LANDSHUTER IHRE STADT NEU AUF. DIE GRUNDMAUERN DIESER HÄUSER STEHEN ZUM TEIL HEUTE NOCH!
PROSIT!
PROST LEUTE!!
AUF DEN BAUHERRN! PROST!
... UND DAS RATHAUS?!
DER STADTRAT SUCHT JETZT SCHON LANG EIN NEUES OBJEKT. DA TUT SICH ABER GAR NICHTS! DIE TREFFEN SICH IMMER BEI DEN DOMINIKANERN IM KLOSTER...

20

DAS GESCHÄFT VON HARNISCHMACHER HANS WERNHARD LÄUFT IMMER BESSER. NACH EINIGEN JAHREN IST SEIN SOHN PETER SO GROSS, DASS ER SEINEM VATER IN DER WERKSTATT HELFEN KANN. PETER IST MITTLERWEILE 7 JAHRE ALT. WIR SCHREIBEN DEN 25. 01. 1348...
SCHAU MAL, PETER! DAS IST UNSER WERKSTATT-ZEICHEN: HW! WENN DIESE GEBRAUCHS-RÜSTUNG FERTIG UND BEZAHLT IST, KAUFE ICH DIR EINEN ESEL, DEN DU DIR DOCH SO WÜNSCHST!
AU JA, PAPA!
HW
DU LERNST SEHR SCHNELL! WÄRE DENN PLATTNER NICHT AUCH EIN BERUF FÜR DICH? KÜNSTLERISCH BEGABT BIST DU.
MIR MACHT DIE ARBEIT VIEL SPASS, PAPA! AUF SCHULE HAB ICH EH KEINEN BOCK!
NA JA, LESEN, SCHREIBEN UND RECHNEN MUSST DU SCHON LERNEN! ABER UNSER BERUF HAT ZUKUNFT!! DER ADEL WIRD IMMER REICHER UND WILL IMMER AUFWÄNDIGERE HARNISCHE. DA WILL EINER DEN ANDEREN ÜBERTRUMPFEN! GUT FÜR UNS!!
KLONG
KLONG
MIAU, MIAAAU?!
SO, GENUG FÜR HEUTE! ES IST SCHON SPÄT. KOMM MIT, PETER, GEHEN WIR RAUF ZUM ABENDESSEN.
PAPA! WAS IST DENN MIT DEN KATZEN LOS? SCHAU MAL, WIE SIE...
MIAUUUU!!
MAUUUNZ!

PLÖTZLICH!!
BRRAAUUM
?!?
AHH! PAPA, WAS IST DAS?
EIN... EIN ERDBEBEN!! SCHNELL, RENN RAUS INS FREIE! ICH HOLE MAMA!
J... JA!
BRAUM
LENA KOMM!! WIR MÜSSEN AUS DEM HAUS RAUS!
GESCHAFFT!
IN LANDSHUT BEBT DIE ERDE!!
BRRAUUUUUM
HEI-EI-EIEIEI... HOFFENTLICH WIRD ES NICHT NOCH STÄRKER!?
ETWAS SPÄTER:
WRRUUUMMM....
JETZT LÄSST ES DOCH ETWAS NACH, ODER? GOTT SEI DANK!
JA, ABER DIESE NACHT BLEIBEN WIR VORSICHTSHALBER IM FREIEN!
JETZT IST ES RUHIG! DIE HÄUSER SCHEINEN NICHT STARK BESCHÄDIGT ZU SEIN! ICH GEHE SCHNELL INS HAUS UND HOLE DECKEN. BESORGT IHR BRENNHOLZ UND MACHT EIN LAGERFEUER!
SEI VORSICHTIG, HANS!

DER SCHWARZE TOD

Um diese Zeit bedrohte auch eine andere Gefahr die Stadt, nämlich die Pest. Die Furcht vor ihr muss lange Zeit das Leben bestimmt haben.
Der Anfang der Pest ist im fernen Morgenland zu suchen, nämlich bei jenen mongolischen Stämmen, die in der ersten Hälfte des 14. Jahrhunderts aus dem Inneren Asiens nach Westen vorrückten und die im Jahr 1347 die Stadt Kaffa auf der Krim belagerten. Als italienische Seefahrer, vermutlich aus Genua, die nach der Krim Handelsbeziehungen unterhielten, im Oktober dieses Jahres aus Kaffa nach Westen flohen, schleppten sie die Seuche zuerst in Messina und anschließend, im Januar 1348, in ihre Heimatstadt ein. Von Italien breitete sich die Seuche über den Seeweg rasch nach Westen aus und erfasste Spanien und Frankreich; England erreichte die Krankheit etwa zur Mitte des Jahres 1348. Auf Deutschland griff sie verhältnismäßig spät über, da die Alpen ihre Verbreitung behinderten.
Der Pesterreger konnte durch Flöhe und durch die Atemluft eines bereits Erkrankten übertragen werden. Die Seuche trat als Beulen- und als Lungenpest auf. Bei der weitaus häufigeren Beulenpest begann die Krankheit mit einem starken Fieberanstieg und Schwellungen der Lymphdrüsen. Es kam zu Kopfschmerzen und Durchfall, die Sprache wurde undeutlich und beim Gehen wankte der Kranke ähnlich einem Betrunkenen. Die Bader öffneten die Pestbeulen der Erkrankten mit Brenneisen und Stichel und ließen zur Ader. Der Tod trat durch Herzstillstand ein, hervorgerufen durch ein Gift, welches das Pestbakterium absonderte.
Ob die Pest auch in Landshut Einzug hielt, welches Ausmaß sie in diesem Fall annahm und wie sie verlief, darüber wissen wir bis heute nur sehr wenig. Die "Mattseer Annalen" erwähnen zwar eine "crudelissima pestilencia" (eine ganz schreckliche Seuche), die in München, Braunau am Inn und Landshut gewütet haben soll, sichere Nachweise für ein Massensterben in jenen Jahren wurden bisher aber nicht erbracht. In der neueren Literatur findet man eher die Meinung vertreten, dass "das südliche Bayern weitgehend verschont geblieben" sei. Zu erheblichen Bevölkerungsrückgängen im "oberbayerischen Umland" hätten erst die Seuchenjahre 1356, 1380 und 1396 geführt (Vasold, 2003).
Falls Landshut doch in größerem Umfang heimgesucht wurde, kann man sich die Verhältnisse etwa folgendermaßen vorstellen: Die Toten wurden von eigens dafür bestellten Männern aus ihren Häusern getragen, auf den Pestkarren gelegt und an eine Begräbnisstelle vor der Stadt gebracht. Vielleicht hat man auch Leichen, wenn sie in großer Zahl anfielen, kurzerhand in die Isar geworfen, wie es während der Pest des Jahrs 1634 geschah. Die Häuser, in denen sich Infizierte oder Tote befanden, wurden

vermutlich gekennzeichnet. Da man glaubte, die Krankheit verbreite sich durch die Luft, hat man die betroffenen Häuser wohl mit Schwefel ausgeräuchert. Die Kleider und das Bettzeug der Pesttoten wurden verbrannt.
Die Kirche erklärte den Menschen den Ausbruch der Seuche als Strafe Gottes. Um den Zorn des Herrn zu besänftigen und die sündigen Menschen zur Buße aufzurufen, durchzogen Gruppen von Geißlern oder Flagellanten (von lateinisch "flagellum" – Geißel) das Land. Hinter einem Kreuz oder einer Fahne einhergehend wanderten sie prozessionsartig umher. Sie trugen Umhänge mit einem auf dem Rücken aufgenähten Kreuzeszeichen. In den Händen hielten sie Stöcke mit drei Riemen; in diese Riemen waren Knoten geknüpft, die mit eisernen Stacheln bewehrt waren. Mit diesen Folterwerkzeugen taten sie Buße, indem sie sich in oder vor einer Kirche geißelten und dabei Lieder sangen, in denen sie das Leiden und Sterben Christi verherrlichten. Bisweilen warfen sie sich auch in Demut zu Boden oder reckten ihre Arme flehentlich dem Himmel entgegen. Immer wieder schlossen sich neue Mitglieder den Geißlerzügen an, während andere ausschieden, denn man nahm nur so viele Tage teil, wie Jesus Jahre auf der Erde gelebt hatte, nämlich dreiunddreißigeinhalb. Der Papst verbot die Laienbewegung der Geißler im Jahr 1349; sie kam allerdings nur langsam zum Erliegen.
Manch einer machte für den Ausbruch der Krankheit auch eine ungünstige Stellung der Sterne verantwortlich.

DIE ROSENGASSE UND DIE GRASGASSE EINE SAGE

(Nach H. Haller)

Für gewöhnlich wird die Sage von der Rosengasse und der Grasgasse mit der Pest um die Mitte des 14. Jahrhunderts in Verbindung gebracht.

Zu jener Zeit, als der Schwarze Tod das Land durchstreifte und allerorten reiche Ernte einholte, schlich das Grauen auch durch die Straßen und Häuser Landshuts. Vor allem in zwei Gassen, welche die Altstadt und die Neustadt miteinander verbanden, war es still geworden. Keine Männer gingen hier mehr ihren Geschäften nach, keine Frauen, mit weiten Einkaufskörben an den Armen, plauderten miteinander und kein Kinderlachen erwärmte die Herzen. Die Pest hatte sie alle dahingerafft. So vermauerte man nun die menschenleeren Gassen, die ihren Bürgern zum Grab geworden waren, von beiden Seiten.
Nach Jahren, als die schlimme Zeit der Pest schon fast vergessen war und die Zahl der Menschen wieder zugenommen hatte,

riss man die Mauern nieder, damit erneut Leben in die alten Gassen einziehe. Als nun die ersten Steine gefallen waren, konnten die Bürger durch die Maueröffnung zu ihrem Erstaunen wahrnehmen, dass die eine Straße ganz von Gras überwachsen war, als habe sich ein grünes Tuch über die vergangenen Schrecken gelegt, während die andere unter dem Geflecht einer blühenden Rosenhecke schlummerte.
Der Name Grasgasse geht vermutlich darauf zurück, dass die alte Stadt von einer Auen- und Graslandschaft umgeben war. Demzufolge könnte der Name auf einen Wiesengrund hinweisen, den der Weg einst durchquerte. Der Name Grasgasse ist bereits für das Jahr 1331 (!) gesichert.
Die Bezeichnung Rosengasse lässt sich wohl auf das alte Wort "ros" zurückführen, das "Schilf" bedeutet. Dann würde auch dieser Name auf die frühere natürliche Umgebung der noch wachsenden Stadt Bezug nehmen.

DIE JUDENSIEDLUNG

Die Historiker Veit Arnpeck und Aventin berichten, dass Juden bereits im Zusammenhang mit der Stadtgründung 1204 gekommen seien und als Geldgeber gewirkt hätten. Das Geldverleihen gegen Zinsen, wie es die Juden betrieben, war eine für den Aufbau der Stadt unverzichtbare Leistung. Die Christen konnten diese Aufgabe selbst nicht erfüllen, weil ihnen das Zinsverbot der Kirche derartige Geschäfte untersagte. Andererseits waren die Juden von den städtischen Berufen der Handwerker ausgeschlossen. Neben den Geldgeschäften arbeiteten sie nur für die Eigenversorgung ihrer Gemeinde. Dieser scheinen im Durchschnitt bis zu 50 Personen angehört zu haben.
Die Juden hatten sich im Bereich des heutigen Dreifaltigkeitsplatzes niedergelassen, gleich unterhalb der Burg, so dass sie in unmittelbarer Nähe zum Herzog, ihrem Schutzherrn, wohnten. Anfangs befand sich diese Judensiedlung noch außerhalb der eigentlichen Stadt, vor dem alten Judentor. Erst um das Jahr 1320 wurde der Dreifaltigkeitsplatz in die Stadt einbezogen und das Neue Judentor oder Münchner Tor errichtet.
Wenn man Landshut durch dieses Tor betrat, erblickte man vor sich, dort wo heute die breite Straße verläuft, die Häuser der Judengasse. Die Straße in die Altstadt verlief als Hohlweg an der linken Häuserzeile entlang, während sich rechts eine Böschung erstreckte, oberhalb der in lockerer Bebauung jene Häuser der Judengasse standen.
Zwischen der Judensiedlung am Fuß des Hofbergs und der Stadt floss ursprünglich ein Seitenarm der Isar in Richtung Nahensteig, passierte die Münze in der Nähe der heutigen Jesuitenkirche, wo

sich angeblich die ältesten Landshuter Mühlen befanden, strömte die Stadtmauer entlang, wo er als Stadtgraben diente, und mündete schließlich in die Isar. Beim Bau des Kolpinghauses sollen Teile von eisenbeschlagenen Mühlrädern ausgegraben worden sein. Noch heute erinnert der Name "Nahensteig" an diesen Isararm. Der Begriff geht wohl auf eine hebräische Bezeichnung zurück – "nahar" = Bach –, die etwa "am Bach" bedeutet.
Die Judensiedlung, in der übrigens auch Christen Häuser besaßen, verfügte über eine Synagoge, ein Schlachthaus, ein Backhaus, ein Bad und eine eigene Wasserversorgung.
Die vermutlich nach dem Stadtbrand in der Mitte des 14. Jahrhunderts erbaute Synagoge war der religiöse Mittelpunkt der kleinen Siedlung. Das Gebäude war freistehend und in maßvollem Abstand von einer Mauer umgeben, die vermutlich einen Garten umschloss, in dem die Juden ihr Laubhüttenfest feierten.
Einen jüdischen Friedhof gab es am Englbergweg in der Nähe der Kirche Maria Bründl.
Um die Mitte des 14. Jahrhunderts errichteten die Juden ein eigenes Schlachthaus. Es befand sich wohl in der Nähe des heutigen Bronzedenkmals Ludwigs des Reichen, da dort bei einer Grabung in über drei Metern Tiefe Reste von Schlachtabfällen gefunden wurden.
Um ihre ungesäuerten Brote backen zu können, verfügten die Juden auch über einen eigenen Backofen. Man vermutet ihn im Bereich des später erbauten Herzogskastens. Bei dessen Umbau 1857 entdeckte man im Boden auch Grundmauern älterer Häuser (wohl der Judensiedlung) sowie einen Brunnen und eine Zisterne, die zusammen mit einer Quelle in der Nähe der Synagoge die Wasserversorgung sicherten. Im Haus Nahensteig 182 b-c war das Judenbad untergebracht.

DIE JUDENVERFOLGUNG 1349

In jener finsteren Zeit, als der Schwarze Tod Europa durchstreifte und zahllose Menschen mit unerbittlichem Griff in die Gräber zwang, ereilte hierzulande viele Juden der Tod durch Mörderhand. Mochten die einfachen Leute in ihnen die Sündeböcke für den Ausbruch der Pest gesehen haben, so waren für den Herzog finanzielle Interessen der Hauptgrund, eine organisierte Judenverfolgung in die Wege zu leiten. Die Übergriffe setzten gleich nach dem 17. Februar 1349 ein. An diesem Tag nämlich verpfändete Herzog Stephan II. (1347 bis 1375) dem Albrecht von Staudach, einem "erprobten Judenmörder", seine Juden in Landshut mit all ihrer Habe für 600 Gulden und die Kost, die er die Fastnacht hindurch in Landshut verzehrt hatte. Albrecht von Staudach, 1340 als Mitglied des Rates nachweisbar und lange Zeit Pfleger des

Spitals zu Landshut, hatte bereits 1338/39 unter Herzog Heinrich XIV. von der Verfolgung der Juden und dem gemeinen Mord an ihnen profitiert. Jetzt, 1349, regelte er nicht nur die finanzielle Nutzung der Judenmorde in Landshut, sondern im ganzen Herzogtum Bayern. Für Landshut gilt, dass sich Herzog Stephan die zu erwartende Summe im Voraus ausbezahlen ließ und Albrecht von Staudach sich dann seinerseits am Gut der ermordeten Juden schadlos hielt. Die Verhältnisse sollten sich jedoch bald wieder ändern, weil man nämlich merkte, dass man auf die Juden doch nicht so ohne weiteres verzichten konnte.
Ab dem Jahr 1352 sind sogar judenfreundliche Maßnahmen festzustellen. So schloss ein Landfrieden, den die Herzöge Stephan, Albrecht und Wilhelm damals in Landshut errichteten, Christen und Juden gleichermaßen mit ein. Für die Folgezeit finden sich immer wieder Belege, die Juden als Gläubiger in Landshut anführen. Im Jahr 1389 stand die Stadt zusammen mit Herzog Friedrich und Johann von Abensberg mit 7 000 Gulden bei Regensburger Juden in der Kreide.

DIE NACHT WIRD KLAR UND KALT!
UAA.. M.. MICH FRIERT S.. S.. SO! ICH GLAUBE, D.. DAS BEBEN IST VORBEI, HANS. SOLLEN WIR NICHT DOCH INS HAUS GEHEN?
LIEBER NOCH NICHT, LENA! VIELLEICHT GIBT ES JA NOCH EIN NACHBEBEN! GEHEN WIR LIEBER AUF NUMMER SICHER UND WARTEN, BIS ES HELL WIRD!
JA.. B.. BITTE, P.. PAP.. PA!
AM NÄCHSTEN MORGEN:
SO, SCHAUEN WIR ERSTMAL IN DIE WERKSTATT. DAS HAUS STEHT NOCH, DAS IST DIE HAUPTSACHE! ES SCHEINT NICHT VIEL KAPUTT ZU SEIN!?!
DAS STIMMT! DA HABEN WIR NOCH MAL GLÜCK GEHABT! ICH FANGE GLEICH AN AUFZURÄUMEN. DA WIRD MIR WENIGSTENS WARM.
DAS ERDBEBEN RICHTET HIER IN LANDSHUT NUR GERINGEN SCHADEN AN. IM JAHR DARAUF, ANNO DOMINI 1349, BAHNT SICH ABER IN DEN MAUERN DER STADT EINE WIRKLICHE KATASTROPHE AN. UND ES TRIFFT AUCH DIE WERNHARDS...
AH... MIR IST SO HEISS! ICH GLAUBE, ICH HABE FIEBER... PETER KOMM, HOL MIR KAMILLENBLÜTEN VOM KRÄUTERSTAND AUF DEM MARKT, SEI SO GUT... UND SCHWINDELIG IST MIR AUCH...
WIE? JA KLAR, PAPA. DU SCHWITZT JA TOTAL!!
PETER REITET LOS, RICHTUNG ALTSTADT.
HÜ! HÜA - HÜ!! LAUF ROLAND, LAUF!

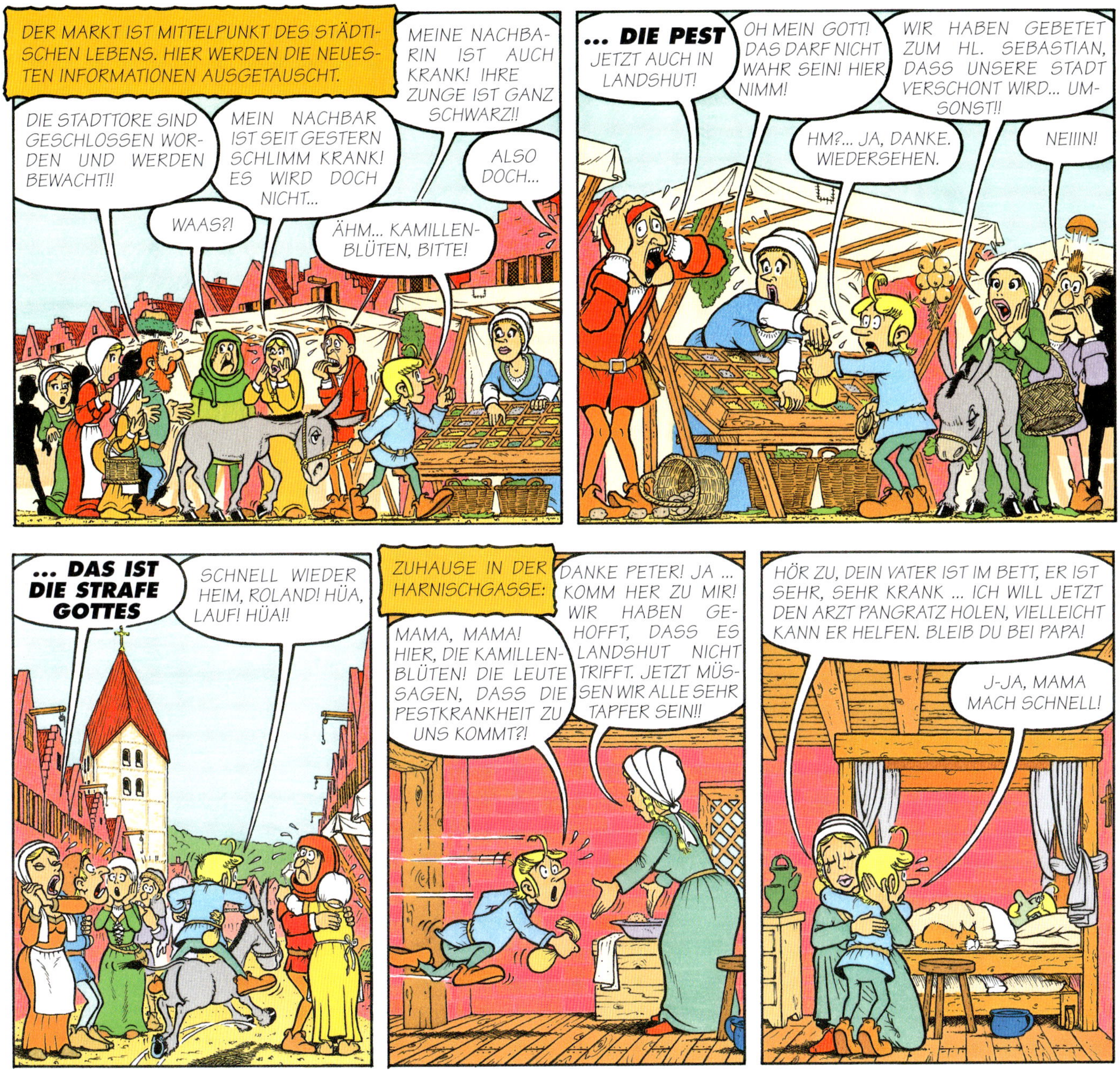
DER MARKT IST MITTELPUNKT DES STÄDTISCHEN LEBENS. HIER WERDEN DIE NEUESTEN INFORMATIONEN AUSGETAUSCHT.
DIE STADTTORE SIND GESCHLOSSEN WORDEN UND WERDEN BEWACHT!!
WAAS?!
MEIN NACHBAR IST SEIT GESTERN SCHLIMM KRANK! ES WIRD DOCH NICHT...
MEINE NACHBARIN IST AUCH KRANK! IHRE ZUNGE IST GANZ SCHWARZ!!
ALSO DOCH...
ÄHM... KAMILLENBLÜTEN, BITTE!
... DIE PEST JETZT AUCH IN LANDSHUT!
OH MEIN GOTT! DAS DARF NICHT WAHR SEIN! HIER, NIMM!
HM?... JA, DANKE. WIEDERSEHEN.
WIR HABEN GEBETET ZUM HL. SEBASTIAN, DASS UNSERE STADT VERSCHONT WIRD... UMSONST!!
NEIIIN!
... DAS IST DIE STRAFE GOTTES
SCHNELL WIEDER HEIM, ROLAND! HÜA, LAUF! HÜA!!
ZUHAUSE IN DER HARNISCHGASSE:
MAMA, MAMA! HIER, DIE KAMILLENBLÜTEN! DIE LEUTE SAGEN, DASS DIE PESTKRANKHEIT ZU UNS KOMMT?!
DANKE PETER! JA ... KOMM HER ZU MIR! WIR HABEN GEHOFFT, DASS ES LANDSHUT NICHT TRIFFT. JETZT MÜSSEN WIR ALLE SEHR TAPFER SEIN!!
HÖR ZU, DEIN VATER IST IM BETT, ER IST SEHR, SEHR KRANK ... ICH WILL JETZT DEN ARZT PANGRATZ HOLEN, VIELLEICHT KANN ER HELFEN. BLEIB DU BEI PAPA!
J-JA, MAMA MACH SCHNELL!

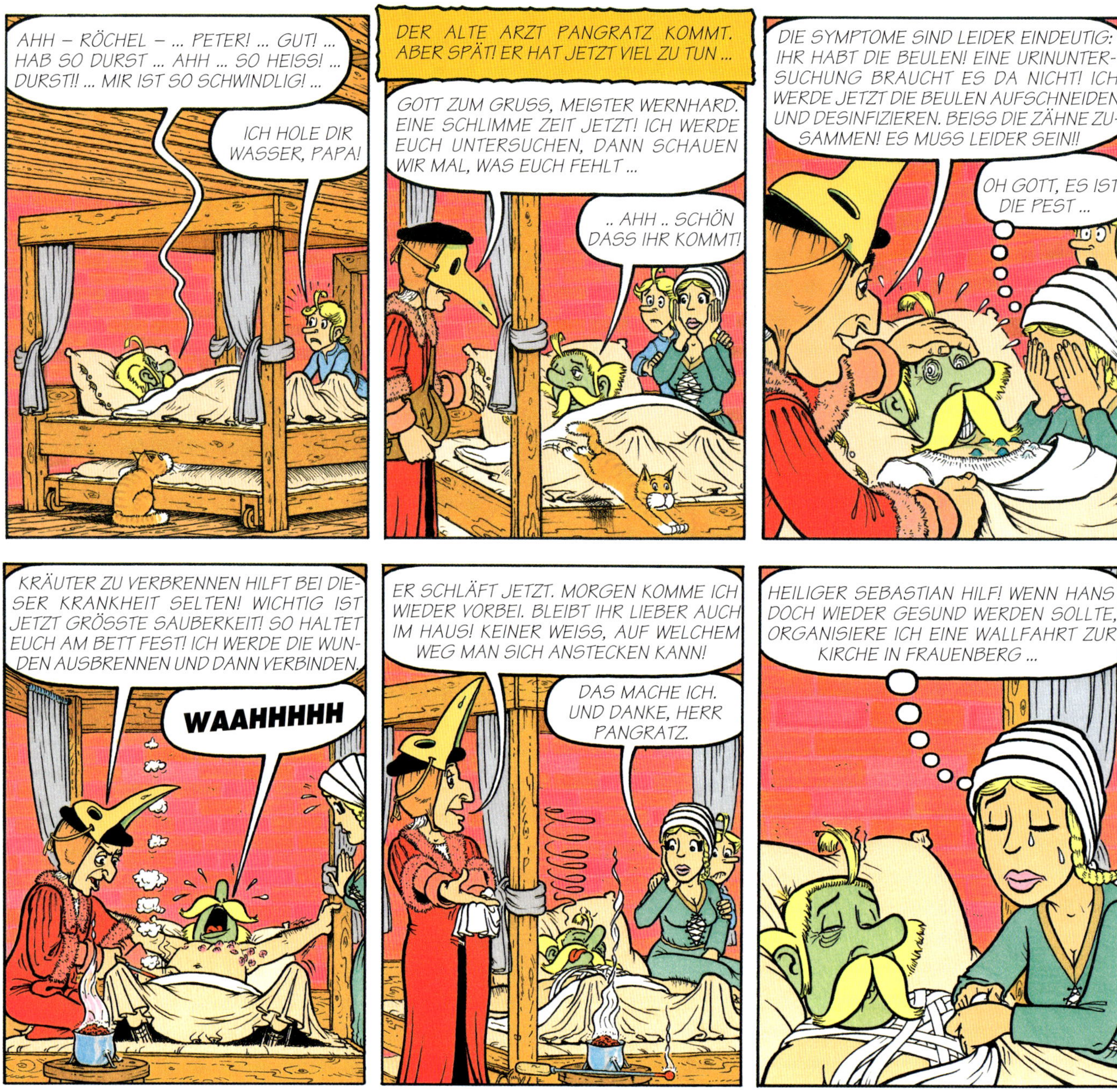
AHH – RÖCHEL – ... PETER! ... GUT! ... HAB SO DURST ... AHH ... SO HEISS! ... DURST!! ... MIR IST SO SCHWINDLIG! ...
ICH HOLE DIR WASSER, PAPA!
DER ALTE ARZT PANGRATZ KOMMT. ABER SPÄT! ER HAT JETZT VIEL ZU TUN ...
GOTT ZUM GRUSS, MEISTER WERNHARD. EINE SCHLIMME ZEIT JETZT! ICH WERDE EUCH UNTERSUCHEN, DANN SCHAUEN WIR MAL, WAS EUCH FEHLT ...
.. AHH .. SCHÖN DASS IHR KOMMT!
DIE SYMPTOME SIND LEIDER EINDEUTIG: IHR HABT DIE BEULEN! EINE URINUNTERSUCHUNG BRAUCHT ES DA NICHT! ICH WERDE JETZT DIE BEULEN AUFSCHNEIDEN UND DESINFIZIEREN. BEISS DIE ZÄHNE ZUSAMMEN! ES MUSS LEIDER SEIN!!
OH GOTT, ES IST DIE PEST ...
KRÄUTER ZU VERBRENNEN HILFT BEI DIESER KRANKHEIT SELTEN! WICHTIG IST JETZT GRÖSSTE SAUBERKEIT! SO HALTET EUCH AM BETT FEST! ICH WERDE DIE WUNDEN AUSBRENNEN UND DANN VERBINDEN.
WAAHHHHH
ER SCHLÄFT JETZT. MORGEN KOMME ICH WIEDER VORBEI. BLEIBT IHR LIEBER AUCH IM HAUS! KEINER WEISS, AUF WELCHEM WEG MAN SICH ANSTECKEN KANN!
DAS MACHE ICH. UND DANKE, HERR PANGRATZ.
HEILIGER SEBASTIAN HILF! WENN HANS DOCH WIEDER GESUND WERDEN SOLLTE, ORGANISIERE ICH EINE WALLFAHRT ZUR KIRCHE IN FRAUENBERG ...

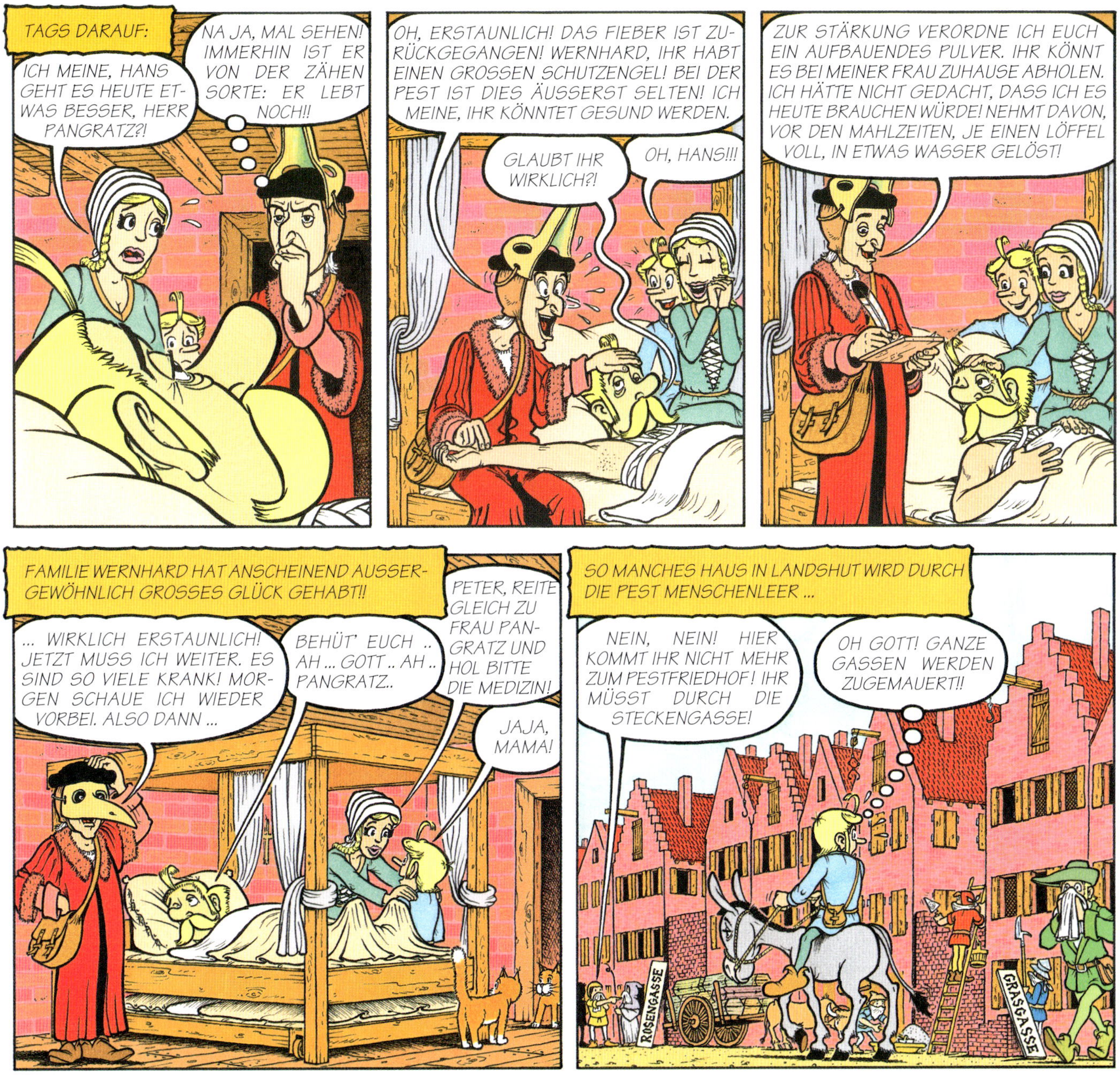
TAGS DARAUF:
ICH MEINE, HANS GEHT ES HEUTE ETWAS BESSER, HERR PANGRATZ?!
NA JA, MAL SEHEN! IMMERHIN IST ER VON DER ZÄHEN SORTE: ER LEBT NOCH!!
OH, ERSTAUNLICH! DAS FIEBER IST ZURÜCKGEGANGEN! WERNHARD, IHR HABT EINEN GROSSEN SCHUTZENGEL! BEI DER PEST IST DIES ÄUSSERST SELTEN! ICH MEINE, IHR KÖNNTET GESUND WERDEN.
GLAUBT IHR WIRKLICH?!
OH, HANS!!!
ZUR STÄRKUNG VERORDNE ICH EUCH EIN AUFBAUENDES PULVER. IHR KÖNNT ES BEI MEINER FRAU ZUHAUSE ABHOLEN. ICH HÄTTE NICHT GEDACHT, DASS ICH ES HEUTE BRAUCHEN WÜRDE! NEHMT DAVON, VOR DEN MAHLZEITEN, JE EINEN LÖFFEL VOLL, IN ETWAS WASSER GELÖST!
FAMILIE WERNHARD HAT ANSCHEINEND AUSSERGEWÖHNLICH GROSSES GLÜCK GEHABT!!
... WIRKLICH ERSTAUNLICH! JETZT MUSS ICH WEITER. ES SIND SO VIELE KRANK! MORGEN SCHAUE ICH WIEDER VORBEI. ALSO DANN ...
BEHÜT' EUCH .. AH ... GOTT .. AH .. PANGRATZ..
PETER, REITE GLEICH ZU FRAU PANGRATZ UND HOL BITTE DIE MEDIZIN!
JAJA, MAMA!
SO MANCHES HAUS IN LANDSHUT WIRD DURCH DIE PEST MENSCHENLEER ...
NEIN, NEIN! HIER KOMMT IHR NICHT MEHR ZUM PESTFRIEDHOF! IHR MÜSST DURCH DIE STECKENGASSE!
OH GOTT! GANZE GASSEN WERDEN ZUGEMAUERT!!
ROSENGASSE
GRASGASSE

IN IHREM SCHRECKEN SUCHEN DIE MENSCHEN NACH EINEM SCHULDIGEN:
DIE JUDEN SIND SCHULD AN DER PEST! DIE HABEN BESTIMMT UNSERE BRUNNEN VERGIFTET!!
DER PFARRER HAT ES AUCH GEPREDIGT!
GENAU! VON DEN JUDEN IST FAST KEINER KRANK! DAS FÄLLT DOCH SEHR AUF, ODER!!
WOMIT HABEN WIR DIESE KATASTROPHE BLOSS VERDIENT?
DIE JUDEN SIND SCHULD! DIE JUDEN SIND SCHULD!!
RACHE!
AUF ZUM JUDENVIERTEL
LOS, KOMMT ALLE MIT!
JETZT GIBT ES AUCH NOCH MORD UND TOTSCHLAG ...

ENDLICH IST PETER IN DER NEUSTADT. IM HAUS NR. 504 WOHNEN DER ARZT PANGRATZ UND SEINE FRAU YOLANDA.
ES IST EIN KLEINES WUNDER, DASS DEIN VATER DIE PEST ÜBERLEBT, JUNGE! HIER IST DAS PULVER AUS HEILKRÄUTERN. HAT MEIN MANN DIE ANWENDUNG ERKLÄRT?
JA, FRAU PANGRATZ. VIELEN DANK. HIER IST DAS GELD DAFÜR. AUF WIEDERSEHEN.
SCHNELL REITET PETER DURCH DIE ALTSTADT ZURÜCK. ER WILL BLOSS NOCH HEIM ...
DIE PEST IST DIE STRAFE GOTTES! – AUA –
JA, JA, LASST UNS SEINEN ZORN BESÄNFTIGEN! – AUTSCH, AUA – ...
GEISSELT EUCH! WIR SIND SÜNDER – AUTSCH –
JETZT DREHEN DIE LEUTE VÖLLIG DURCH!!!
WIEDER BEI DEN ELTERN:
ICH HAB DAS KRÄUTERPULVER! IN DER STADT SIND ALLE VERRÜCKT GEWORDEN: DA SIND WELCHE, DIE SICH SELBER AUSPEITSCHEN!! ANDERE SIND WUTENTBRANNT ZUM JUDENVIERTEL! STIMMT ES DENN, DASS DIE JUDEN AN DER PEST SCHULD SIND, PAPA?
AH ... NEIN, NEIN, PETER! JETZT GEHT DIE SAAT AUF, DIE KIRCHLICHE UND WELTLICHE FEINDE DER JUDEN GESÄT HABEN! WENN, WIE JETZT, DIE ANGST UMGEHT, SUCHEN SICH DIE BÜRGER EINEN SÜNDENBOCK: EBEN DIE JUDEN ... AHH ... HOFFENTLICH STÖSST MOSSE NICHTS ZU! HEI - EI - EI - EIEI ... AHH ...
OH GOTT, OH GOTT, ES WIRD JA IMMER SCHLIMMER! WAS FÜR EINE TRAURIGE ZEIT!! KOMM PETER, GIB MIR DIE MEDIZIN! – SNIEF –

VERGEHEN UND STRAFEN

Im Jahr 1361 verbot der Rat alles Spielen um Geld. Kein Bürger und keine Bürgerin, kein Sohn und keine Tochter, kein Knecht und keine Dirn sollten ein solches Spiel treiben, auch nicht das Kegelspiel. Wer dagegen verstoße, müsse, so heißt es, der Stadt und dem Richter zwei Pfund Pfennig geben. Könne er nicht zahlen, komme er in die Schergenstube und von dort an den Pranger. Dem Übeltäter solle ein "Spielschemel" an den Hals gehängt und der Hut mit dem großen Würfel auf den Kopf gesetzt werden. Nach dem Vollzug der Prangerstrafe müsse er die Stadt für zwei Jahre verlassen. Keiner solle für ihn Fürbitte einlegen können.
Wenn in einer Wirtschaft die Spieler trotz der Aufforderung des Wirts nicht vom Spiel ablassen wollten, dann sollte der Wirt die Sache vor den Richter und die Bürger bringen. Diese Verordnung sollte zehn Jahre und einen Tag währen.
Der Sicherheit in den Straßen der Stadt diente insbesondere das Verbot des Tragens langer Messer, wie das schon im Jahre 1256 festgelegt worden war. Jetzt, 1361, wurde dieses Verbot vom Rat noch genauer gefasst. Niemand durfte ein Messer mit sich führen, dessen Klinge länger war als das "Maß, welches die Bürger an die Kirchentür beim Ellenmaß angeschlagen haben". Dieses wohl bei einem Portal von St. Martin angebrachte Maß betrug gut eine Spanne. Auf Verstöße stand eine Strafe von 60 Pfennig. Personen, deren Ruf etwas zweifelhaft war, war das Mitführen von Messern und anderen Waffen gänzlich verboten.
Für Metzger und Bäcker gab es besondere Regelungen. Kein Fleischer durfte ein Schneidmesser bei sich führen, weder am Tag noch in der Nacht, außer er wollte schlachten. Bei einem Verstoß sollte er 72 Pfennig zahlen müssen. Bäckerknechte sollten keine längeren Messer tragen, sondern nur ein kleines "Messerl", um die "Scherzln" damit zu schneiden.
In Anlehnung an die Polizeiverordnung des Jahres 1256 wurde den fahrenden Schülern mit ihren langen Haaren die Stadt verboten. Dieses Verbot erstreckte sich auf zehn Jahre und einen Tag und auf eine Meile im Umkreis. Wer dagegen verstieß, dem drohte der Galgen. Auch alle Blinden und "Krummen" wurden der Stadt verwiesen, sofern sie keinen einwandfreien Ruf hatten.
Zu einem mehrjährigen Stadtverweis wurde im Jahr 1405 Christian Petzlinger verurteilt, und zwar wegen "unordentlichen Lebenswandels zu Bett und Tisch mit seiner Frau, wegen Trunk und Spiel". Als ein Mann nach dem Ablauf seines zweijährigen Stadtverbots wieder zurückgekehrt war und erneut begonnen hatte, die Leute in der Neustadt zu belästigen, sollte er im Jahr 1412 gefangen genommen werden. Um sich seiner Verhaftung zu entziehen, verbarrikadierte er sich. Erst der gewaltsame Einsatz von Richterknechten ermöglichte seine Festnahme. Sein ungebührliches Ver-

halten büßte er mit einem zehnjährigen Stadt- und Landverbot. Andre Rayer musste die Stadt gleich für drei Jahre verlassen, weil er ohne Genehmigung des Nachts in den städtischen Gräben gefischt hatte (1430). Einem Schlosser wurde gar für immer der Aufenthalt in der Stadt verboten, weil er einer Frau einen Schlüssel für die Truhe ihres Ehemannes angefertigt hatte (1459).
Ein Stadtverweis traf im Jahr 1459 auch Wilhelm Leytgeb. Er hatte an einem Samstag seine Frau aus dem Haus geworfen und war mit seinem neugeborenen Kind auf dem Arm durch die winterlichen Straßen gegangen. Dabei erkältete sich das Kleine so sehr, dass es starb (Kirmeier).

VERORDNUNGEN GEGEN KLEIDERPRUNK UND GELDVERSCHWENDUNG

Um die Neigung der Bürger zu Geldverschwendung und übermäßigem Prunk in Schranken zu halten, wurden in der zweiten Hälfte des 14. Jahrhunderts verschiedene Verordnungen erlassen, die besonders die Prachtentfaltung bei Kleidern und Schmuck einzudämmen suchten. Sie tadeln es als ein großes Verderben bei Armen und Reichen, dass keine Frau mit ihren Gewändern zufrieden sei, sondern sich schicker kleiden wolle, als es dem Geldbeutel ihres Mannes entspreche.
Was den Frauen an Kleidung und Schmuck zugebilligt wurde, hing vom jeweiligen Stand und Vermögen ihrer Ehemänner ab. Besonders schlecht schnitten dabei die Dienstmägde ab. Sie sollten weder Tuch noch Kleidung kaufen oder tragen dürfen, wovon die Elle mehr als 45 Pfennig kostete. Hielt sich eine Magd nicht daran, musste sie der Stadt und den Bürgern ein Pfund bezahlen. Wenn sie es mit Wissen ihrer Herrschaft tat, musste auch diese ein Pfund Strafe entrichten. Seidene Schleier waren wohlhabenden Frauen vorbehalten; eigens genannt ist die Frau des Richters. Keine Frau, wer auch immer sie war, durfte Hermelin, Perlen, Samt, Gold oder goldenes Tuch tragen.
Da Hochzeiten und Taufen besondere Gelegenheiten zu ausgelassenem Feiern boten, ging man auch hier gegen vermeintliche Auswüchse vor. So durfte bei Hochzeiten, deren Teilnehmerzahl überdies beschränkt wurde, "nur zu zwei Weinen" gegangen werden, bei einer Taufe "nur zu einem Wein".

DAS NEUE RATHAUS

Dem Stadtbrand war auch das große Speichergebäude, in dessen Obergeschoss man die Ratsstuben vermutet, zum Opfer gefallen. Nun wurde es – wie die ebenfalls abgebrannte Markthalle –

wieder errichtet, jedoch nicht vollständig. Eine schlammige Schicht, die man auf dem Brandschutt fand, der den Kellerfußboden bedeckte, deutete darauf hin, dass der Keller längere Zeit offen stand, ehe man die Ruine niederlegte und den Schutt des abgerissenen Gebäudes hineinwarf. Auch danach waren die Trümmer noch einige Zeit der Witterung ausgesetzt, bevor man über den Fundamenten eines Teils des alten Gebäudes einen Neubau errichtete. Die Beseitigung der Spuren des großen Stadtbrandes zog sich also, wie dieses Beispiel zeigt, etwas in die Länge.
Bei größeren Ratsversammlungen soll man – einer älteren Notiz zufolge – in das Dominikanerkloster ausgewichen sein. Die Mönche hat man in einem solchen Fall für ihr Entgegenkommen mit Wein entschädigt, der aus dem Stadtsäckel bezahlt wurde. Als man sich im Jahr 1375 mit den Dominikanern überwarf, ging man gerne auf das Angebot der Franziskaner ein, fortan ihre Räumlichkeiten zu nutzen. Bald jedoch entschloss man sich, ein neues und der aufblühenden Stadt würdiges Rathaus einzurichten. Und so kaufte im Jahr 1380 der Rat um 230 Pfund Regensburger Pfennig das Haus des Albrecht von Staudach in der Altstadt, das Mittelgebäude des heutigen Rathauskomplexes. Schon bald wurde in der bohlengedeckten Halle im Erdgeschoss während der Bartlmädult ein Tuchmarkt abgehalten.
Im Jahr 1452 erweiterte man das Rathaus um das Eckhaus an der Grasgasse, das man von dem herzoglichen Zollner Martin Klughammer erwarb, und bezog 1503 in der Altstadt das rechts an das heutige Mittelgebäude angrenzende Haus mitein.

IN DER TRINKSTUBE DES RATHAUSES

Im Erdgeschoss des Eckhauses Altstadt/Grasgasse befand sich einst die städtische Trinkstube. Die Trinkstubenordnung des Jahres 1493 lässt erkennen, wie es dort zuging. Alles Fluchen, Schimpfen, Provozieren und Herumschreien war verboten, besonders wenn der Fürst ein Fest gab. Keiner sollte einem anderen zutrinken; er durfte ihn nur um einen freundlichen Trunk züchtig ansprechen. An allen Tagen, an denen die Stube geöffnet war, sollte einer der Bürger der Wirt sein und darauf achten, dass es ordentlich zuging. Der Stubenknecht sollte Wein, Brot und Käse auftragen, wenn es zwölf Uhr Mittag schlug, und um drei Uhr nachmittags die Tafel wieder aufheben. Niemand sollte sich nach elf Uhr nachts noch in der Stube aufhalten dürfen, es sei denn hoch gestellte Persönlichkeiten. Allen anderen sollte der Stubenknecht weder Licht noch Essen und Trinken geben und auch keine Karten und Würfel mehr zur Verfügung stellen.
Die Trinkstube wurde von den Ratsherren recht gerne besucht. Dauerte eine Sitzung mal etwas länger, unterbrach man sie, um

in der Ratsstube eine Erfrischung zu sich zu nehmen. Die Zeche zahlte der Gemeindesäckel. Auch die herzoglichen Beamten wie der Rentmeister, der Kastner und der Zollner wurden hier bewirtet. Wenn einer der Ratsherren heiratete oder einen Stammhalter in die Wiege gelegt bekam, war dies ein freudiger Anlass zu einem fröhlichen Umtrunk.
Die Landshuter Herzöge bekundeten ihre Verbundenheit mit den Stadtoberen dadurch, dass sie von ihrer Jagdbeute das eine Mal einen Hirsch und das andere Mal ein Wildschwein ins Rathaus schickten; nicht ohne die Erwartung, zum üppigen Mahl auch selbst geladen zu werden, um sich zum Wildbret auch reichlich städtischen Wein in die Kehlen zu schütten.

DIE KIRCHEN

Nach der Gründung der Freyung im Jahr 1338 begann man, in dem neuen Stadtteil eine Kirche zu errichten. Im Jahr 1369 wurde die Jodokskirche zur zweiten Pfarrkirche in der Stadt neben Alt-St. Martin erhoben. Ihre Bauzeit fiel also in jene schwierigen Jahre des Wiederaufbaus nach dem verheerenden Stadtbrand. Im Jahr 1403 erlitt die Kirche erhebliche Schäden durch einen Brand, den der dortige Mesner aus Unachtsamkeit verursacht haben soll. Beim Wiederaufbau erhielt sie ihr heutiges Aussehen. Der Turm misst eine Höhe von 77 m.
Als die alte romanische Martinskirche aus der Zeit der Stadtgründung etwa 170 Jahre lang den Gläubigen als würdiges und imposantes Gotteshaus gedient hatte, entschloss man sich zu einem Neubau. Den ersten Hinweis auf ihn finden wir im Jahr 1389; in diesem wird nämlich ein "Meister Hans, Baumeister zu St. Martin" erwähnt – gemeint sein dürfte Hans Krumenauer, der uns 1405 in Passau als Dombaumeister begegnet. Auf ihn folgte der berühmte Meister Hans von Burghausen. Diesem gab Herzog Heinrich der Reiche im Jahr 1406 ein Haus am Martinsfriedhof als Lehen, das Nutzungsrecht hat Hans dann 1415 an die Schneiderzunft verkauft. Bis 1432, dem Jahr, in dem er starb, leitete Hans von Burghausen den Bau der Martinskirche und der Heiliggeistkirche. Sein Nachfolger am Bau von St. Martin war sein Neffe Hans Stethaimer, der auch sein Wappen mit den gegeneinander gestellten Winkeleisen übernahm.
Die älteste Bauinschrift an der Martinskirche kann man an der Außenseite des Chores entdecken, und zwar auf einer Marmortafel mit dem Schweißtuch der Veronika. Sie nennt das Jahr 1392. Mit dem rückwärtigen Teil des Langhauses und dem Turm begann man im Jahr 1444; der Turm wurde um 1500 vollendet. Mit seinen 130,6 m Höhe gilt er als der höchste Backsteinturm der Welt. Er ragt sogar über die Burg hinaus, sodass die Landshuter ihrem

Herzog in die Suppenschüssel schauen konnten. Wie etliche andere mittelalterliche Bauten der Stadt stand er auf einem Fundament von Tannenholzpfählen, die dicht aneinander in den weichen Boden gerammt wurden. In 71 m Höhe befindet sich die Glockenstube. Die älteste Glocke (1370), die Sperrglocke, meldete den Landshutern das Öffnen und Schließen der Stadttore. Über der Glockenstube ist die Türmerstube; von hier aus sollte der Turmmeister mit Trompete und Glockenschlag Brände, Überfälle und andere Gefahren melden.
Während die Backsteine für den Kirchenbau aus heimischen Ziegeleien stammten, kam das Holz für den Dachstuhl aus der Gegend von Mittenwald. Die vielen Löcher in den Balken weisen darauf hin, dass diese mit Holznägeln zu Flößen zusammengesteckt worden waren, um auf der Isar nach Landshut gebracht zu werden. Sobald sie behauen und mit Seilen festgezurrt waren, hat man sie mit Flaschenzügen und Umlenkrollen in schweißtreibender Arbeit nach oben gezogen.
Am 20. Januar 1407 wurde der Grundstein zur Heiliggeistkirche gelegt. 1461 war das Gotteshaus fertig.
Dass zu jener Zeit, als man zugleich an der Martinskirche, der Heiligkeistkirche, der Jodokskirche und an verschiedenen anderen Gebäuden baute, eine Unmenge von Backsteinen benötigt wurde, versteht sich von selbst. Nicht wenige dieser Steine waren so genannte Strafsteine. Man konnte nämlich damals, vor allem zwischen 1400 und 1450, wegen eines Vergehens zur Lieferung von 500 bis 2 000 Backsteinen verurteilt werden. Im Jahr 1426 fielen so viele Strafsteine an, immerhin 12 000, dass der Rat eine große Zahl von ihnen sogar verkaufen konnte.

PLATTNERMEISTER WERNHARD WIRD WIRKLICH WIEDER VÖLLIG GESUND! ABER SO MANCHES HAUS STEHT IN LANDSHUT JETZT LEER. GENAUSO SCHNELL WIE DIE PESTWELLE GEKOMMEN IST, EBBT SIE AUCH WIEDER AB. UND DAS LEBEN IN LANDSHUT NORMALISIERT SICH NACH UND NACH. AUCH VERSÖHNEN SICH DIE BÜRGER UND DIE JUDEN WIEDER. WERNHARDS SOHN PETER WÄCHST HERAN, MITTLERWEILE IST ER 20 JAHRE ALT. UND NATÜRLICH WILL AUCH PETER EIN HARNISCHMACHER WIE SEIN VATER WERDEN. DESHALB GEHT PETER AUF WANDERSCHAFT, UM BEI ANDEREN PLATTNERMEISTERN ZU LERNEN. ZUR ZEIT IST PETER IN ITALIEN, IN MAILAND. SCHAUEN WIR DOCH, WIE ES HANS UND LENA WERNHARD JETZT GEHT ...
KNURPS

ES GEHT DEN BEIDEN GUT. HANS IST WIEDER VÖLLIG GESUND. 12 JAHRE SIND JETZT SEIT DER PEST VERGANGEN:
ESSEN GIBTS, HANS! WENN DU SCHON KEINE ZEIT MEHR HAST, UM ABENDS OBEN ZU ESSEN, SCHLING WENIGSTENS NICHT ALLES SO RUNTER! UNMÖGLICH! ...
MEINE GEBRAUCHS-HARNISCHE GEHEN ZUR ZEIT GUT, DAS WILL ICH AUSNÜTZEN! WENN PETER NICHT BALD VON SEINER WANDERSCHAFT ZURÜCKKOMMT, SUCHE ICH MIR EINEN GESELLEN DER ...
POCH! POCH! POCH!
HEREIN?!
PETER KOMMT HEIM!
MAMA! PAPA! HIER BIN ICH WIEDER!!
PETER!
... NA, ENDLICH!!
BIN ICH FROH, WIEDER IN LANDSHUT ZU SEIN UND EUCH ZU SEHEN!!
MEI, BIST DU GROSS GEWORDEN! WIE GEHT ES DIR DENN?
AUS - GE - ZEICH - NET! SCHAU MAL, WAS ICH IN MAILAND GEMACHT HABE!
IN MAILAND? ICH DACHTE, DU GEHST NACH NÜRNBERG??
?
WAR ICH JA AUCH! DA, SEHT! NA WAS SAGST DU JETZT, PAPA?!
OH, PETER! EIN PRUNKHARNISCH UND NOCH DAZU KOMPLETT! WAS IST DER WOHL WERT?

HM, SO ... 26 KÜHE, IN ETWA, PAPA!
JA WAHNSINN! DU, DEN HARNISCH MÜSSEN WIR DEN ANDEREN PLATTNERN ZEIGEN! DAS KÖNNTE DEIN MEISTERSTÜCK SEIN! ALSO, HEUTE WIRD ERST EINMAL GEFEIERT! IN UNSERER ZUNFTHERBERGE. KOMM PETER, UND NIMM DEN HARNISCH MIT!
KAUM HIER – SCHON WIEDER WEG! MÄNNER!!! ...
DIE HARNISCHMACHER IN LANDSHUT HABEN SICH ZUSAMMENGESCHLOSSEN UND SICH ALS ZUNFT ORGANISIERT, ALS TREFFPUNKT DIENT IHNEN SEIT KURZEM EIN WIRTSHAUS.
ABEND LEUTE! SCHAUT HER, WER WIEDER DA IST: MEIN SOHN PETER
ABEND, WERNHARD. KOMMT, SETZT EUCH ZU UNS!
AHA! HAT ER AUSGELERNT, DER BUBB!
HEUTE WILL ICH PETERS RÜCKKEHR FEIERN! WEIN FÜR ALLE, BITTE! SO UND JETZT ZEIGE ICH EUCH WAS, HA! PACK DOCH MAL AUS, PETER!
DA STAUNEN DIE LANDSHUTER PLATTNER, GESELLEN UND MEISTER, NICHT SCHLECHT!
JA, FA - BEL - HAFT! WO HAST DU DENN DAS GELERNT?
IN EINER MAILÄNDER WERKSTATT
EIN WAHRES MEISTERSTÜCK!!
GANAU DAS WÜRDE ICH GERNE WERDEN: EIN PLATTNERMEISTER WIE MEIN VATER!
MEIN SOHN, HA!! WO BLEIBT DER WEIN, WIRT!?

DIE LANDSHUTER HARNISCHMACHER FEIERN RECHT GERNE – UND OFT.
PROST, LEUTE
PROSIT! ERZÄHL MAL PETER, WO WARST DU ÜBERALL?
PROST! ALSO ZUERST IN AUGSBURG ... NAJA ... DANN IN NÜRNBERG: GANZ NETT. UND ZULETZT IN MAILAND! ALSO MÄDELS HABEN DIE, OH DOLCE VITA! ...
PETER?!
HM? ... ÄH, ACH SO, JA, JA! ZUNÄCHST HAB ICH DAS SCHMIEDEN EINFACHER GEBRAUCHSHARNISCHE GELERNT. IN EINER MAILÄNDER WERKSTATT ABER HAT MIR DER MEISTER GEZEIGT, WIE MAN SOLCH EINEN PRUNKHARNISCH SCHLÄGT! UND WAS MAN DABEI ZU BEACHTEN HAT! DER ITALIENISCHE ADEL GIBT UNSUMMEN FÜR RÜSTUNGEN AUS!!
AH, JA! NA, BEI UNS GEHT'S LANGSAM IN DIESE RICHTUNG, ABER SOLCHE KUNSTWERKE ... PROST ZUSAMMEN!
PROST!
ALSO PETER, ICH GLAUBE, ICH SPRECHE IM NAMEN ALLER HIER: DEINEN HARNISCH ZEIGEN WIR IM STADTRAT ZUR BEGUTACHTUNG VOR. UNSERE FÜRSPRACHE HAST DU JEDENFALLS, EIN „MEISTER WERNHARD JUNIOR" ZU WERDEN! WAS MEINST DU DAZU, MATHES ?
HM? ... JA LOGISCH! – ICKS – ABER DAFÜR SCHMEISST ER – ICKS DIE NÄCHSTE RUNDE, PROSCHT!
JA, JA, IST DOCH KLAR!
... MEIN SOHN! HA!!
... PROST – PROST KAMERAD, PROST – PROST ...
ÄHM ... PETER, WIE WAR DAS NOCH GLEICH MIT DEN JUNGEN MAILÄNDERINNEN? ERZÄHL DOCH MAL! ...
DU LUMP!!
TOCK

AM NACHBARTISCH GIBT ES STREIT.
DU HAST GEMOGELT! MEIN GELD ZURÜCK!
WAAS! ICH EIN BETRÜGER? NA WARTE!
SO, SAG DAS NOCHMAL!!
JETZT ZEIGST DU DEIN WAHRES GESICHT, DU GAUNER
HANS WERNHARD MISCHT SICH EIN:
HEH, IHR ZWEI! HÖRT SOFORT AUF! DAS SPIELEN UM GELD IST VERBOTEN!! UND LANGE MESSER HABT IHR AUCH NOCH! SEID IHR NICHT GANZ DICHT!!
NIMM DAS!
HEH, SCHERGEN, WACHE! HIER SCHLAGEN MIR ZWEI ALLES KURZ UND KLEIN! WACHE! SIE SIND BEWAFFNET, SCHNELL!!
AHHH!
PETER, PACK ZUSAMMEN, WIR GEHEN LIEBER HEIM: JETZT GIBTS ÄRGER!!
JA PAPA!
ZACK!
MANCHE LERNEN ES HALT NIE! ERZÄHL MAL WEITER, WIE WAR ES SO IN MAILAND?
SUU - PER, PAPA! ICH HABE DA MARIA KENNENGELERNT: SCHWARZES LANGES HAAR ...

VATER UND SOHN FEIERN ZUHAUSE WEITER. SIE HABEN SICH VIEL ZU ERZÄHLEN. DIE ZWEI STREITHÄHNE ABER MÜSSEN DIE NACHT AM PRANGER VERBRINGEN UND WERDEN MORGEN AUCH NOCH AUS DER STADT VERBANNT, WEIL SIE IHRE GELDSTRAFE NICHT ZAHLEN KÖNNEN.
WEGEN DIR DEPP MÜSSEN WIR JETZT LANDSHUT FÜR EIN JAHR VERLASSEN!! WARTE NUR, BIS ICH HIER RAUS BIN ...

BEI DER NÄCHSTEN SITZUNG DES LANDSHUTER STADTRATES WIRD PETER WERNHARD ALS PLATTNERMEISTER BESTÄTIGT. SEIN PRUNKHARNISCH HAT ALLE ÜBERZEUGT. JETZT ARBEITET ER IN DER WERKSTATT SEINES VATERS UND WIRD DIESE EINMAL ÜBERNEHMEN. SEINE MARIA HOLT PETER AUS MAILAND UND BEIDE HEIRATEN IN LANDSHUT MIT GROSSEM „HALLOO" ... ÄHM .. STOPP! DAS KOMMT JA ERST SPÄTER, HI, HI.
DIE TRAUUNG FINDET IN DER ALTEN MARTINSKIRCHE STATT UND ...
HOCH! HOCH
LANG LEBE DAS JUNGE PAAR
HOCH! HOCH
DING DONG
... DANACH WIRD MIT FREUNDEN UND KOLLEGEN IN DER ZUNFTSTUBE GEFEIERT!
SO, SCHLIESST DIE TÜR JETZT AB! WIR SIND EINE GESCHLOSSENE GESELLSCHAFT! ALSO, BEI DEN ZWEI WEINEN, WIE SONST ERLAUBT, BRAUCHT ES NICHT ZU BLEIBEN ... GREIFT ZU! UND PROST! MARIA SCHAU ...
DAS IST EIN WORT! PROST!
FÜR MICH? EIN HOCHZEITSGESCHENK? OH, PETER, EIN SEIDENSCHLEIER! ... UND ... UND EINE PERLENKETTE!! MAMA MIA, WIE SCHÖN!
PROST!
PSST! MARIA LEISE! DAS MUSS JA NICHT GLEICH JEDER HÖREN! DIESER SCHMUCK IST UNSEREM STAND JA EIGENTLICH VERBOTEN. DEN KANNST DU NUR ZUHAUSE TRAGEN! LEIDER ...
AUF DAS BRAUTPAAR!
... NUR ZUHAUSE TRAGEN??? ... WO BIN ICH DA BLOSS HINGERATEN ...
MEIN SOHN, HA!!
JETZT WIRD GETANZT, KOMM HER!
... HM, NOCH EIN SCHLÜCKSCHE WEIN - ICKS -

LUDWIG DER BÄRTIGE, HEINRICH DER REICHE UND DIE KIRCHE HEILIG BLUT

Die gotische Kirche Heilig Blut auf dem Hofberg wurde während der Regierungszeit Herzog Heinrichs des Reichen (1393 bis 1450) erbaut. Das seltsame und fremdländische Aussehen, das sie aufgrund ihrer beiden Rundtürme bot, beflügelte später die Phantasie der Leute, die sich zu erklären versuchten, wie es denn dazu gekommen sei. Des Rätsels Lösung glaubte man schließlich in einem recht bewegten Kapitel der bayerischen Geschichte gefunden zu haben:

Auf dem Konzil zu Konstanz (1414 bis 1418) wurde – wie nicht anders zu erwarten – eifrig über die Fragen gesprochen, welche die Christenheit bewegten. Unter die frommen Töne mischten sich jedoch die Missklänge des wittelsbachischen Familienstreits. Ludwig der Bärtige von Bayern-Ingolstadt schimpfte nämlich, dass seine Linie bei der Landesteilung von 1392 von der Landshuter Linie übervorteilt worden sei und forderte deshalb einen Ausgleich von Heinrich. So begannen am 6. Juli 1417 in Konstanz die Sitzungen des Reichsgerichts wegen des wittelsbachischen Erbstreites. Nach einigem Hin und Her, das von einem bisweilen recht ungebührlichen Verhalten Ludwigs begleitet war, fällten endlich am 19. Oktober der König und die Reichsfürsten, die in der Herberge des Bischofs von Passau zu Gericht saßen, ihr Urteil. Und dieses beließ Heinrich in seinem vollen Erbe. Dass der Ingolstädter Herzog nun stocksauer war, versteht sich von selbst. Um die Sache doch noch in seinem Sinne zu beeinflussen, begab er sich am folgenden Tag wiederum zum König, als dieser sich mit mehreren Fürsten beim Bischof von Passau zum Mahl versammelt hatte. Da aber auch Heinrich zugegen war, kam es zwischen den beiden zu einem heftigen Wortgefecht, bei dem sich Ludwig zu der unverschämten Behauptung verstieg, Heinrich sei nicht der Sohn dessen, den er als Vater betrachte, sondern der Sohn eines Kochs. Heinrich schoss die Zornesröte ins Gesicht, und er begann zu kochen, nämlich vor Wut. Als er sich zu jeder Gewalttat bereit auf seinen Beleidiger stürzen will, wirft sich sein Schwager Friedrich dazwischen und schiebt ihn, um das Ärgste zu verhindern, zur Tür hinaus. Rückwärtsgewendet aber ruft Heinrich seinem Widersacher noch zu: "Wenn du mit mir die Klingen kreuzen willst, dann wart nur, du wirst genug Gelegenheit dazu bekommen!"

Dass Heinrich damit keine leere Drohung ausgesprochen hatte, sollte Ludwig schon bald erfahren. Denn der Niederbayer eilte schnurstracks in seine Herberge, befahl 15 seiner Männer, die Rüstung anzulegen und aufs Pferd zu steigen. Mit diesem Trupp legte er sich beim Haus "Zur Armbrust", an dem Ludwig bei seiner Heimkehr vom Mahl vorüberkommen musste, in einen Hinterhalt. Zwischen zehn und elf Uhr nachts war es dann so weit. Ludwig

bog, von zwei Edelknaben begleitet, um die Ecke. Die Wegelagerer erkannten sofort die Gelegenheit und drangen mit brutaler Gewalt auf den Ingolstädter ein. Heinrich stach ihn in den Rücken, doch Ludwig gelang es, in verzweifelter Gegenwehr Heinrich das Schwert zu entwinden. Aber die Übermacht war zu groß, Ludwig wurde vom Pferd gestoßen. Herbeikommende Freunde fanden ihn in seinem Blut schwimmend. Zwei seiner Wunden waren so schwer, dass er mit dem Tode rang. Der gewalttätige Landshuter hatte sich sofort mit seinen Begleitern aus dem Staub gemacht und entkam mit Hilfe einiger Schwaben in sein Land, obwohl der König, sobald ihn die Nachricht von dem gemeinen Überfall erreicht hatte, sogleich die Tore hatte schließen lassen.
Ludwig kam nun überraschend schnell wieder auf die Beine und erholte sich vollständig von seinen Verletzungen. Diesem Umstand und der Fürsprache einiger Fürsten hatte es Heinrich zu verdanken, dass sein Verbrechen völlig ungestraft blieb. Am 3. Januar 1418 verzieh der König dem Landshuter Herzog, und so verlief die Sache allmählich im Sande.
Angeblich habe Ludwig als Genugtuung verlangt, man solle Herzog Heinrich seine Ehre und Würde nehmen und seinem Leib sieben Wunden zufügen, darunter zwei tödliche. Auch solle man ihm die Hand abhauen, mit der er ihn gestochen habe. Sein Land aber solle ihm zufallen. Der König aber sei mit solch harten Forderungen nicht einverstanden gewesen, sondern habe entschieden, dass sich Heinrich entschuldigen müsse und drei ewige Messen zu stiften habe. Außerdem solle er eine Wallfahrt zur Kirche Heilig Blut in Jerusalem unternehmen. Da Heinrich der Sage nach jedoch gar nicht daran dachte, sich derlei Strapazen zu unterziehen und so lange der Heimat fern zu bleiben, ließ er kurzerhand auf dem Hofberg und in der Nähe seiner Burg eine Kirche errichten, deren zwei Türme den Eindruck erweckten, sie stünde in jenem fernen Land.

DIE NEUGESTALTUNG DER ALTSTADT

Etwa zweihundert Jahre sind nun seit der Gründung Landshuts vergangen. Die Stadt ist mehrmals erweitert worden, man hat sich ein stattliches Rathaus zugelegt und den Bau von St. Martin begonnen. Wenn man aber den Fuß vor die Tür eines der Bürgerhäuser setzte, konnte es einem immer noch passieren – zumal bei Regen –, dass man bis zu den Knöcheln im Dreck steckte. Da halfen oft auch die Trippen nicht viel, jene hohen Holzpantoffeln, in die man mit seinen teueren Lederschuhen schlüpfte, um sie auf den morastigen Straßen und Gassen nicht zu ruinieren. Auch Herzog Heinrich hatte mittlerweile die Nase voll von den miserablen Straßenverhältnissen. Er meinte sogar, er selbst sei deswegen nie gern von der Burg in die

Stadt hinuntergekommen und auch niemand anderer habe dort fahren, reiten oder gehen wollen. Für eine Pflasterung der Altstadt war es wirklich höchste Zeit! Der Herzog entschloss sich also in Absprache mit dem Rat, die nötigen Maßnahmen ergreifen zu lassen.
Im Jahr 1405 war es dann endlich so weit, und Pflasterstein an Pflasterstein wurde von fleißigen Händen in den Boden der Altstadt geklopft. Um die finanzielle Belastung der Stadt erträglich zu gestalten, genehmigte ihr der Herzog die Erhebung eines Pflasterzolls. Dabei wurde festgelegt: Wer von auswärts mit Holz, Heu, Stroh, Brot, Obst, Kohl, Rüben, Kraut, Schmalz, Käse und derlei anderen Dingen in die Stadt hinein will, von dem soll man, egal zu welchem Tor und wie oft er hereinfährt, einen Pfennig nehmen und für seinen Karren einen halben. Für einen Wagen, der Getreide zum Verkauf geladen hat, soll man zwei Pfennig kassieren und für einen Karren einen. Bei einem Eimer Honig beträgt der Zoll zwei Pfennig, unwichtig, ob er hier verkauft wird oder weitertransportiert, und bei einem Zentner Federn zwei Pfennig und bei einem Zentner Schmalz einen Pfennig. Wenn hundert magere Schweine durch die Stadt getrieben werden, sind sechs Pfennig fällig, bei hundert fetten zwölf.
Im Zusammenhang mit der Pflasterung wurden noch weitere Maßnahmen veranlasst. So heißt es in einem Schriftstück vom August 1405, man solle die Pfeiler und die Ställe vor den Schmieden und was sonst vor den Häusern in der Straße stehe, abreißen. Alle Kellerhälse, über die man Wein in die Keller hinablasse und die bisher mit Brettern abgedeckt seien, solle man mit Erde auffüllen. Die Kellerhälse unter den Bögen waren allerdings weiterhin erlaubt, sofern sie nicht über die Pfeiler hinaus auf die Straße übergriffen.
Am 1. Oktober 1407 wurde beschlossen, dass von nun an die hölzernen Erker nicht erneuert und keine neuen gebaut werden dürfen.
Im Jahr 1412 befahl Heinrich im Zuge der Stadtverschönerung alle Bauten, die mitten in der Straße standen, zu beseitigen: die Judengasse, die dem in die Stadt Kommenden den Blick auf die Altstadt versperrte, jenes Speichergebäude bei der Martinskirche und natürlich auch die alte Markthalle, falls diese damals überhaupt noch stand. Die Fleischbänke wurden jedenfalls zu Heinrichs Zeit hinter das Rathaus in die nach ihnen benannte Fleischbankgasse verlegt.

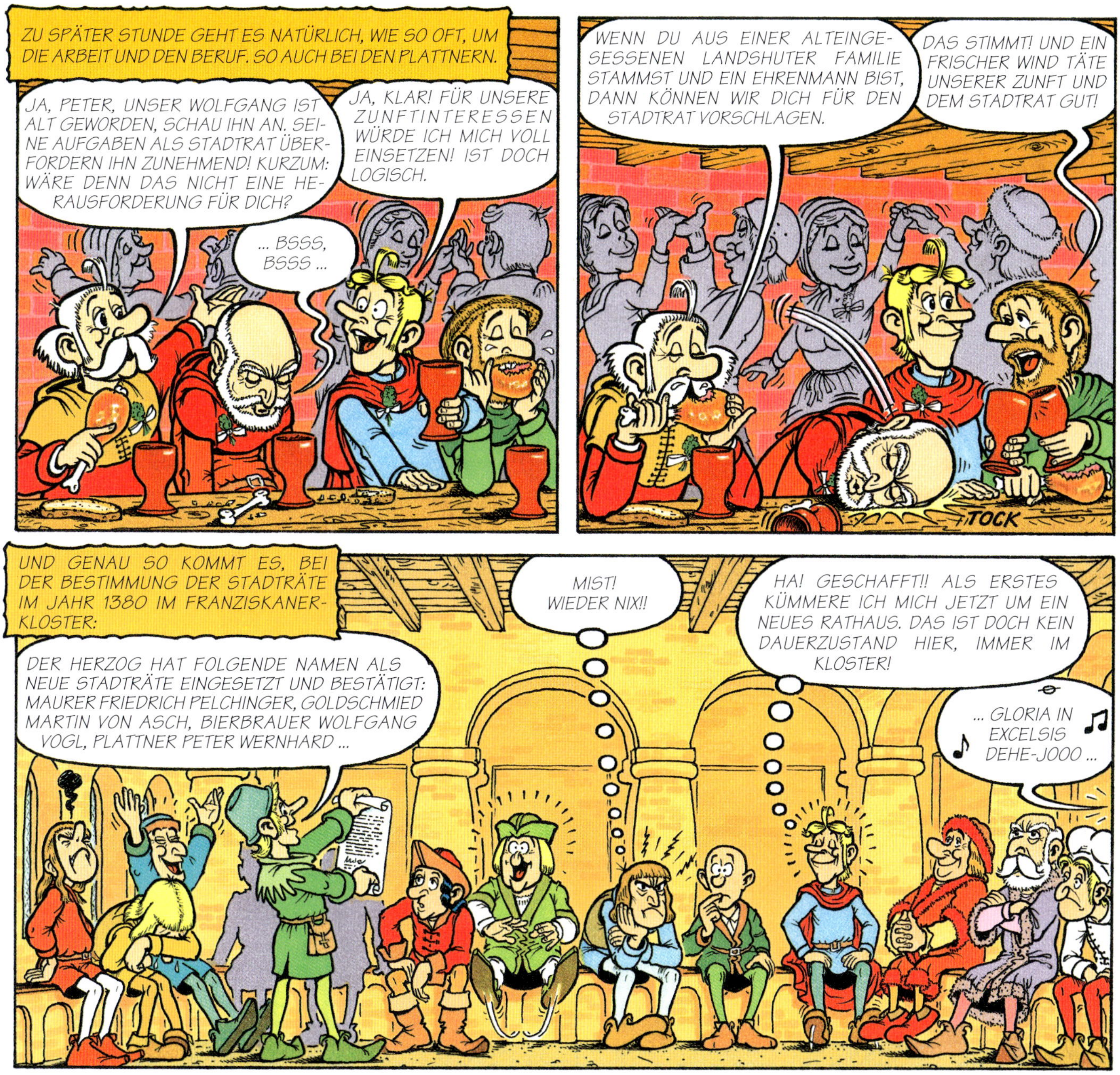

ZU SPÄTER STUNDE GEHT ES NATÜRLICH, WIE SO OFT, UM DIE ARBEIT UND DEN BERUF. SO AUCH BEI DEN PLATTNERN.
JA, PETER, UNSER WOLFGANG IST ALT GEWORDEN, SCHAU IHN AN. SEINE AUFGABEN ALS STADTRAT ÜBERFORDERN IHN ZUNEHMEND! KURZUM: WÄRE DENN DAS NICHT EINE HERAUSFORDERUNG FÜR DICH?
JA, KLAR! FÜR UNSERE ZUNFTINTERESSEN WÜRDE ICH MICH VOLL EINSETZEN! IST DOCH LOGISCH.
... BSSS, BSSS ...
WENN DU AUS EINER ALTEINGESESSENEN LANDSHUTER FAMILIE STAMMST UND EIN EHRENMANN BIST, DANN KÖNNEN WIR DICH FÜR DEN STADTRAT VORSCHLAGEN.
DAS STIMMT! UND EIN FRISCHER WIND TÄTE UNSERER ZUNFT UND DEM STADTRAT GUT!
TOCK
UND GENAU SO KOMMT ES, BEI DER BESTIMMUNG DER STADTRÄTE IM JAHR 1380 IM FRANZISKANERKLOSTER:
DER HERZOG HAT FOLGENDE NAMEN ALS NEUE STADTRÄTE EINGESETZT UND BESTÄTIGT: MAURER FRIEDRICH PELCHINGER, GOLDSCHMIED MARTIN VON ASCH, BIERBRAUER WOLFGANG VOGL, PLATTNER PETER WERNHARD ...
MIST! WIEDER NIX!!
HA! GESCHAFFT!! ALS ERSTES KÜMMERE ICH MICH JETZT UM EIN NEUES RATHAUS. DAS IST DOCH KEIN DAUERZUSTAND HIER, IMMER IM KLOSTER!
... GLORIA IN EXCELSIS DEHE-JOOO ...

SO IST AUS DEM KLEINEN PETER WERNHARD IM LAUFE DER ZEIT EIN PLATTNERMEISTER UND LANDSHUTER STADTRAT GEWORDEN. ER IST JETZT, IM JAHRE 1380, 39 JAHRE ALT. FÜR HEUTE IST EINE STADTRATSVERSAMMLUNG ANGESETZT, AN DER AUCH PETER TEILNIMMT ...
... WIEDER MAL BEI DEN FRANZISKANERN!
... SO, JETZT ZU PUNKT 9: NEUES RATHAUSGEBÄUDE! ALSO ...
NICHT SCHON WIEDER!
... EINE SCHANDE! EINE SO GROSSE STADT UND KEIN GESCHEITES RATHAUS
JETZT SUCHEN WIR SCHON SEIT JAHREN 'RUM!
... DEM EINEN PASST DIES NICHT, DEM ANDEREN DAS.
... DEHEHE-JOOOO ...
ÄHM ... ALSO, MEINE HERREN, ICH HÄTTE DA ...
RUHE!! DER WERNHARD WILL WAS SAGEN!
DANKE! ALSO, MEINE HERREN: ICH HABE MICH SCHLAU GEMACHT UND EIGENTÜMER GRÖSSERER HÄUSER IN DER ALTSTADT BEFRAGT, OB SIE EVENTUELL AN UNS VERKAUFEN WÜRDEN. UND ...
... IHR WERDET ES NICHT GLAUBEN: ICH HAB JEMANDEN GEFUNDEN! SEIN NAME IST STAUDACH UND SEIN HAUS STEHT MITTEN IN DER ALTSTADT. ES IST DIE NUMMER 315, IN DER NÄHE DER GRASGASSE!
AH JA! DAS KENN' ICH!
HERRN STAUDACH HABE ICH GEBETEN, HEUTE SELBST HERZUKOMMEN. ER WARTET DRAUSSEN. HOL IHN MAL JEMAND REIN!
ICH SAG'S JA: DER WERNHARD!! DA GEHT HALT WAS.

ALBRECHT VON STAUDACH TRITT VOR DEN STADTRAT:
TAG, MEINE HERREN! WIE ICH HÖRTE, SIND SIE AUF DER SUCHE NACH RATHAUSRÄUMLICHKEITEN. ALSO, ICH WÄRE EVENTUELL BEREIT, MEIN HAUS, ALTSTADT 315, ZU VERKAUFEN, WENN DER PREIS ...
NUR MAL LANGSAM! EUER HAUS IST NICHT DAS EINZIGE, DAS IN FRAGE KOMMT! WIR HABEN DA RECHT GÜNSTIGE ANGEBOTE ...
HÄÄ?!
PSSST! DAS SAGT MAN SO
ZU ALLERERST MÜSSTE MAN DAS HAUS MAL BESICHTIGEN, UM ÜBERHAUPT EINIGERMASSEN DEN JETZIGEN WERT ABSCHÄTZEN ZU KÖNNEN.
JA GERNE. WENN ES DIE HERREN RÄTE WÜNSCHEN, KÖNNEN WIR AUCH GLEICH EINEN ORTSTERMIN AUSMACHEN?!
ICH WEISS IMMER NOCH NICHT, WELCHES HAUS IHR MEINT!?
FÜR HEUTE STEHEN DOCH KEINE BESPRECHUNGSPUNKTE MEHR AN! MEIN VORSCHLAG: SCHAUEN WIR HALT GLEICH HIN!
DER WERNHARD!! KRIEGT WOHL PROVISION VOM STAUDACH ...
DER VORSITZENDE BEENDET ALSO DIE VERSAMMLUNG.
WARUM EIGENTLICH NICHT! MEINE HERREN, ENDE DER RATSSITZUNG! AUF IN DIE ALTSTADT, LEUTE!
AUF GEHT'S!
GENAU!
WIE SIEHT ES AUS, PETER: GEHEN WIR NACH DER BESICHTIGUNG NOCH AUF EINEN WEIN?
BEI MIR GEHT LEIDER NICHTS! ICH MUSS EIN KETTENHEMD FERTIG BEKOMMEN UND HEUTE NOCH ARBEITEN.

VOR STAUDACHS HAUS, ALTSTADT 315:
ÄHM ... DRINNEN SCHAUT ES ETWAS AUS! ... MEINE FRAU NIMMT ES NICHT SEHR GENAU BEIM AUFRÄUMEN ...
MACHT NIX! WIR SIND EINIGES GEWOHNT! ... SCHLIESSLICH LEBEN WIR JA IM MITTELALTER, ODER
AHA! IST JA SO RIESIG NICHT!
HÄÄ?
GANZ SCHÖN DUSTER: NUR DREI FENSTER!
HIER KÖNNTE ICH JA EINE GRÖSSERE HARNISCH-AUSSTELLUNG ABHALTEN!
WERNHARD, PST!
NA JA ... SCHAUEN WIR TROTZDEM AUCH DIE ANDEREN RÄUME AN ...
IM 1. STOCK:
... WAS DA DER UMBAU KOSTEN WIRD! OH MEI - OH MEIOMEI!!
APROPOS GELD: WIE VIEL WOLLT IHR FÜR DAS HAUS EIGENTLICH NOCH HABEN?
TJA ... ÄHM ...
... ICH DACHTE DA ... ... SO 300 PFUND?
HA, STAUDACH NA, NA! SAGEN WIR ... NA JA, ... 180?
JA NIE!! 280? ...
190?
250? ...
200!
TOP! DAS IST EIN ANGEBOT! EUERE HAND DRAUF! DER STADTSCHREIBER SOLL GLEICH EINEN VERTRAG AUFSETZEN.
... 230? – SNIEF –

FÜR 230 PFUND PFENNIG KAUFT ALSO DER LANDSHUTER STADTRAT IM JAHR 1380 DEN MITTELBAU DES HEUTIGEN RATHAUSES. DER JETZIGE PRUNKSAAL WIRD ZUM SITZUNGS-RAUM UMGEBAUT. NACH DER RENOVIERUNG:
NICHT SCHLECHT! DER AUSBAU IST GANZ, GANZ TOLL GEWORDEN!
JETZT HABEN WIR ENDLICH EIN REPRÄ-SENTATIVES RATHAUS FÜR UNSERE STADT!
UND FÜR DAS GELD, HI, HI, HI!
BIN SCHON GE-SPANNT, WAS DER HERZOG DAZU SAGT!
ALS NÄCHSTES KÖNNEN WIR JA EIN HAUS FÜR EIN STADTMUSEUM KAUFEN, ODER?
NA JA, WENN SCHON INVES-TIEREN, DANN WÄRE ICH EHER FÜR EINE VIEL G R Ö S S E R E MARTINSKIRCHE.
EINE SCHÖNE G R O S S E MARTINSKIRCHE ... HMM: WÄRE SCHON SCHÖN!
ICH MEINE, ES IST DOCH JEDEN SONN-TAG DAS GLEICHE: WER ZU SPÄT ZUM GOTTESDIENST KOMMT, FINDET NICHT EINMAL MEHR EINEN STEHPLATZ. UND WENN ES REGNET, WIRD DER FUSSBODEN NASS, WEIL DIE KIRCHE IN EINER LEICHTEN MULDE STEHT. ES MUSS ALSO WAS GETAN WERDEN.
WAS MEINST DU, WAS EINE NEUE KIRCHE KOSTET
WIESO? DER STADT-SÄCKEL IST VOLL WIE NIE! DIE STEUERN SPRUDELN! DER ZEIT-PUNKT WÄRE GÜNS-TIG!
ALSO MIR GE-FÄLLT DIE IDEE, EINE NEUE MAR-TINSKIRCHE ZU BAUEN, WERN-HARD!
UND LEISTEN KÖNNEN WIR UNS EINEN NEUBAU ZUR ZEIT AUCH. LASST UNS DOCH MAL ZUR PROBE ABSTIMMEN: WER DAFÜR IST, MAL HAND HOCH, LEUTE!
IMMER HAT DER WERNHARD DIE GUTEN IDEEN!

ALLE? JA DA SCHAU HER: EINSTIMMIG! DANN NEHMEN WIR DIES DOCH GLEICH ALS STADTRATSBESCHLUSS: ES WIRD EINE NEUE MARTINSKIRCHE GEBAUT! STADTSCHREIBER ...
... GEH DU AUF DEN MARKT UND RUFE ES AUS, DASS ES ALLE HÖREN KÖNNEN: DIE BÜRGER LANDSHUTS BEKOMMEN EINE NEUE MARTINSKIRCHE! LOS, LOS!
JA SUPER!
ALLES KLAR!
DA BRAUCHEN WIR JETZT EINEN BAUMEISTER, EINEN PROFI! AM BESTEN LASSEN WIR UNS VON VERSCHIEDENEN BAUMEISTERN ENTWÜRFE ZEICHNEN. DEN SCHÖNSTEN GEBEN WIR DANN IN AUFTRAG!
GENAU!
DAS RENNEN MACHT HANS KRUMENAUER. ER WIRD EINER DER BAUMEISTER DER NEUEN MARTINSKIRCHE WERDEN. DER LANDSHUTER STADTRAT ERWARTET IHN VOR DER ALTEN KIRCHE.
GOTT ZUM GRUSS, MEISTER HANS
GOTT ZUM GRUSS! RECHT HERZLICHEN DANK FÜR EUREN AUFTRAG! ES FREUT MICH, DASS MEIN ENTWURF DEN RAT DER STADT ÜBERZEUGT HAT.
EINE BACKSTEINKIRCHE SOLL ES WERDEN! EINE RIESENHERAUSFORDERUNG FÜR EINEN BAUMEISTER! UND FÜR DIE STADT!
mtr.
130
98
54
31
0
Krumenauer

MIT DEM BAU EURER NEUEN MARTINS-KIRCHE KANN ES SOFORT LOSGEHEN: ICH HABE IM KIRCHENBAU ERFAHRENE HANDWERKER ENGAGIERT: MAURER, MÖRTELMISCHER, HOLZHAUER, DACH-DECKER, SCHMIEDE, ZIMMERER, BILD-HAUER UND TAGELÖHNER!
AHA! JA SUPER! FÜHLT EUCH BEI UNS WIE ZUHAUSE!
DIE BAUHÜTTEN DIESER HANDWERKER WER-DEN ALS UNTERKÜNFTE UND WERKSTÄTTEN RUND UM ALT-ST. MARTIN ERRICHTET.
NA SERVAS! HOST DU DEN BAUPLAN GSENG? GUT 130 METER SOLL DER TURM HOCH WERDEN!!
ZUNÄCHST KÜMMERN SICH DIE HOLZHAUER MIT IHREN TAGELÖHNERN UM DIE HOLZBE-SCHAFFUNG AUS DEM UMLAND, DEN AU-WÄLDERN.
GERÜSTSTANGEN, LAUBHOLZ FÜR WERKZEUGE UND FUNDAMENTPFÄHLE SCHLAGEN WIR HIER EIN. DIE BALKEN FÜR DEN DACHSTUHL KOMMEN SPÄTER AUS MITTENWALD!
AHA!
AUS DEN ZIEGE-LEIEN AM HOF-BERG ...
... UND HEPP!
... WERDEN UNMENGEN AN ZIEGELSTEINEN GE-LIEFERT!
HANS KRUMMENAU-ER? MARTINSKIRCHE?
JA? AH SUPER! DIE ZIEGEL

IM OSTEN DER ALTEN MARTINSKIRCHE BEGINNEN BAUARBEITER DAMIT, GRUBEN FÜR DAS FUNDAMENT AUSZUHEBEN.
... BROTZEIT? GIBT'S ERST UM ZEHN!
HAT JEMAND BROTZEIT GESAGT?
WAS? BROTZEIT?
BROTZEIT GIBT'S!
AHHH, ENDLICH!
IN DEN GRUND, DER SICH ALS RECHT WEICH HERAUSSTELLT, WERDEN JETZT TANNENHOLZPFÄHLE EINGESCHLAGEN. SO ENTSTEHT EIN FESTES, TRAGENDES FUNDAMENT!
... INSGESAMT BRAUCHEN WIR SO UM DIE 3.500 STÜCK! ALSO MACH MAL!
WIE VIELE?!
IM JAHRE 1389 WIRD DER GRUNDSTEIN GELEGT. DIE WEIHE ÜBERNIMMT NATÜRLICH DER PFARRER VON ALT ST. MARTIN
1389
JETZT KÖNNEN DIE MAURER LOSLEGEN, DIE DEN CHOR ...
... DER NEUEN MARTINSKIRCHE STEIN FÜR STEIN IN DIE HÖHE ZIEHEN ...
JETZT VERLANGEN SIE SCHON „STRAFZIEGELSTEINE" STATT GELDSTRAFEN!

ETWA ZUR GLEICHEN ZEIT WIRD AUCH DIE HEILIGGEISTKIRCHE GEBAUT...
SO VIELE ZIEGEL WERDEN GEBRAUCHT, DASS DIE STADT STRAF-ZIEGELSTEINE STATT GELDSTRAFEN EIN-FORDERT!
... UND DIE NEUE JODOKSKIRCHE. DIE ALTE IST KURZ ZUVOR ABGEBRANNT.
STRAFZIEGEL-STEINE?? ECHT?!
... UND DIE KIRCHE HL. BLUT AUF DEM HOFBERG.
JETZT HABEN SIE SOVIELE STRAFZIEGELSTEINE, DASS SIE WELCHE VERKAUFEN MÜSSEN!
VON SEINER BURG BLICKT DER HERZOG ARGWÖHNISCH AUF DIESES TREIBEN UNTEN IN SEINER STADT.
DIESE LANDSHUTER WERDEN IMMER SELBSTBEWUSSTER! ICH MUSS AUFPAS-SEN! DIE HABEN EINFACH ZU VIEL GELD DA UNTEN. ICH GLAUBE, ICH VERLANGE MAL WIEDER EINE SONDERABGABE VON DER STADT! SAGEN WIR MAL... FÜR DIE KRIEGSKASSE.
HEROLD, ZU MIR! REITE IN DIE STADT RUNTER UND LADE DEN STADTRICHTER UND DIE STADTRÄTE FÜR HEUTE ZUM ABENDESSEN EIN. ICH MUSS MAL MIT DENEN EIN WÖRTCHEN REDEN!
ALLES KLAR, HERZOG!

DIE BÜRGERVERSCHWÖRUNG

Die Frage, warum die Bürger gegen ihren Stadtherrn Herzog Heinrich den Reichen aufbegehrten, lässt sich nicht mit letzter Sicherheit klären. Man sagt, er habe die Bestätigung von Freiheiten, die der Stadt verliehen worden waren, verweigert, den Bürgern willkürlich Steuern auferlegt und dann das eingenommene Geld verschwendet. Voll des jugendlichen Leichtsinns sei er überdies von schlechten Beratern beeinflusst worden, die nur ihre eigene Bereicherung im Auge gehabt hätten. Andererseits ist auch von Beschwerden des Herzogs gegen die Bürger die Rede, etwa dass sie die Stadtsteuer seit zehn Jahren nicht mehr vollständig gezahlt hätten. Die Bürger drohten nun in ihrem Ärger, sich wegen der Wahrung ihrer Rechte an den König zu wenden. Das aber war Heinrich zu viel. Auf der Burg entschied man sich, das Problem mit einem Gewaltstreich zu lösen.
Der Herzog sammelte unter dem Vorwand einer Kriegshilfe für Österreich einiges Kriegsvolk um sich und lud um den 24. August des Jahres 1408 die Vornehmsten der Stadt zu sich in die Burg, als wolle er ihnen für die Zeit seiner Abwesenheit die Statthalterschaft übertragen. Nach dem Mahl aber ließ er sie zu ihrer bösen Überraschung ergreifen und ins Gefängnis werfen, aus dem sie sich für viel Lösegeld freikauften. Vier jedoch, Friedrich Pelchinger, Martin von Asch, Leonhard Kettner und Johann Moosburger, alle Mitglieder des Rats, wurden der Stadt und des Landes verwiesen, ihr Eigentum vom Herzog eingezogen.
In der Stadt herrschte das blanke Entsetzen. Bald erhoben sich Stimmen, die Rache für das hinterlistige und gemeine Verhalten des Herzogs forderten. So eine Lumperei konnten sich die Bürger nicht gefallen lassen. Nicht wenige von ihnen entschlossen sich, die Sache in die Hand zu nehmen und zur Tat zu schreiten. Durch Boten stellte man den Kontakt zu den Verbannten her. Als Ort der geheimen Zusammenkünfte hatte man das Hinterhaus des Pappenbergerhauses gewählt, dessen Eigentümer Dietrich Röckl war. Etwa fünfzig Verschwörer trafen sich dort, Pläne zu schmieden, wie der vermeintlichen Willkür des Herzogs zu begegnen sei. So war es auch in der Karfreitagsnacht des Jahres 1410. Im Gefühl scheinbarer Sicherheit steckte man die Köpfe zusammen, nicht ahnend, dass das schwatzhafte Weib des Dietrich Röckl ihr ehebrecherisches Verhältnis mit Ulrich Ebran von Wildenberg, einem Mann des Hofes, mit einem heimtückischen Verrat krönen würde. Sie führte Ulrich zur Tür des Raumes, in dem die Verschwörer zu Rate saßen, und ließ ihn unter der Bedingung der Verschwiegenheit durch einen Spalt blicken. Ulrich konnte die Verschwörer erkennen und mit eigenen Ohren hören, was die Männer planten.
Als er glaubte, genug erfahren zu haben, begab er sich eilends zur Burg. Dort erzählte er dem Hofmeister Georg von Aham, was er

gehört hatte. Der Herzog wurde aus dem Schlaf geweckt. Die Kunde jagte ihm Angst ein, er glaubte, man habe es auf sein Leben abgesehen. Da galt es, keine Zeit zu verlieren! Er ließ die Burgbesatzung zu den Waffen rufen, erteilte den Kommandanten die nötigen Befehle und schickte die ganze Meute in die Stadt hinunter; selbst machte er sich nach Regensburg davon.
Während in Landshut bis auf die Verschwörer alle in tiefem Schlaf lagen, bezogen die Herzoglichen Posten. Das Haus Röckls wurde umstellt. Als man es drinnen bemerkte, stob die Schar auseinander, ein jeder, wo er die Rettung am nächsten glaubte. Die einen versuchten, über die Stadtmauer zu entkommen, andere verkrochen sich in finsteren Winkeln, die Unglücklichsten aber wurden auf der Flucht erschlagen. Die meisten nahm man gefangen und legte sie in Fesseln. Am Samstagmorgen erfüllten Jammern und Seufzen die Gassen. Denn unverzüglich folgte nun ein grausames Blutgericht der städtischen Obrigkeit gegen die Aufrührer. Einige wurden hingerichtet, anderen die Augen ausgestochen; viele hatten mit Frau und Kind in die Verbannung zu gehen. Ihr Vermögen zog der Herzog ein. Darüber hinaus musste die Stadt Heinrich eine Urkunde ausstellen, in der sie ihr Bedauern über die Pläne der Verschwörer ausdrückte, bekannt gab, diese an Leib und Gut bestraft zu haben, und sich verpflichtete, ihm bestimmte Tore zu übergeben, durch die man zur Burg gelangen konnte.
Später versöhnten sich Herzog und Bürger wieder. Die Stadt erhielt die ausgestellte Urkunde zurück; der Herzog entließ seine Räte. Es heißt, er habe nie ohne Kummer an die Ereignisse zurückdenken können. Seine Regierungsgeschäfte aber nahm er nun mit größter Sorgfalt wahr. "Er saß selbst auf offenem Markte zu Gericht, empfing die Gerichtsgebühren und Strafgelder und steckte diese in die langen, weiten Ärmel seines Kleides. Er sorgte hervorragend für die Sicherheit auf den öffentlichen Straßen und Wegen. Wo man einen Wegelagerer entdeckte, wurde er auf der Stelle aufgeknüpft. Daher hasste ihn das Raubgesindel. Die Handelsleute hingegen nannten sein Land den Rosengarten, wo sie keines Geleites bedurften."
Eine Folge der so genannten Bürgerverschwörung war es, dass bei der Besetzung der Ratsstellen dem Herzog 60 Personen vorgeschlagen werden sollten, aus denen er dann diejenigen auswählen konnte, die ihm gefielen. Dabei beschrieb der Stadtschreiber die betreffenden Kandidaten mit kurzen Bemerkungen, zum Beispiel: Vinzenz Scharsacher: "ein alter Mann"; Hans Leitgeb: "des Bürgermeisteramtes wert"; Heinrich Salburg: "nicht gut gewesen"; Hans Vischer: "ein Eisenkramer, ist ein redlicher Mann"; Leonhart Zinsmeister: "Goldschmied, tut viel verächtliche Reden treiben"; Michl Staudacher: "fromm"; Hans Krieg: "ganz widerborstig" und Paul Menpeck: "nix wert".

DER HEROLD REITET IN DIE STADT. DORT WIRD NICHT NUR GLEICHZEITIG AN DEN KIRCHENBAUTEN GEARBEITET. JETZT WERDEN, AUF ANREGUNG DES HERZOGS, AUCH DIE STRASSEN GEPFLASTERT! GERADE WOLLEN DIE STADTRÄTE INS RATHAUS ...
GOTT ZUM GRUSS, RÄTE DER STADT! DER HERZOG MÖCHTE MAL WIEDER MIT EUCH SPRECHEN! DESHALB LÄDT ER EUCH ALLE FÜR HEUTE ZUM ABENDESSEN AUF DIE BURG EIN. WAS DARF ICH IHM ALS ANTWORT MELDEN?
HEUTE? ÄHM ... TJA ... DA MÜSSEN WIR FAST HIN ... JA KLAR, WIR KOMMEN NATÜRLICH! GERNE!
MIST! EIGENTLICH WOLLTE ICH HEUTE ZUM ANGELN!
HEI - EI - EI! UND ICH HABE DAS KETTENHEMD IMMER NOCH NICHT FERTIG!
RATHAUS
SO, UND AB JETZT WIRD FÜR DIE WEGNUTZUNG STRASSENZOLL GEZAHLT! MACHT ACHT PFENNING!
WAAS!?

60

PETER WERNHARD WIRD SKEPTISCH!
SEHR EIGENARTIG! WAS DER HERZOG WOHL VON UNS WILL? SONST GEIZT ER MIT DER STADT UM JEDEN PFENNIG, JETZT LÄDT ER DEN GANZEN STADTRAT ZUM ESSEN EIN. UND DABEI HAT ER FAST KEIN GELD MEHR!!
AM ABEND AUF DER BURG:
MEINE HERREN! ICH BEGRÜSSE EUCH RECHT HERZLICH UND WÜNSCHE SCHON MAL GUTEN APPETIT! ANLASS DIESES ABENDS IST ABER EIN EHER ERNSTER. KURZUM: SEIT JAHREN ZAHLT IHR DIE STEUERN NICHT VOLLSTÄNDIG! ALSO LEUTE, SO GEHT'S NICHT! ICH BRAUCHE EINEN GRÖSSEREN GELDBETRAG JETZT VON EUCH ALS SONDER-ABGABE, ZAHLBAR...
JETZT KOMMT'S RAUS!!
ALSO MAL LANGSAM!!
HALT, HALT, HALT!!
UNSERE STEUER WIRD DOCH HIER HEROBEN EH BLOSS IN PRUNK UND FESTIVITÄTEN ZUM FENSTER RAUSGE-WORFEN!
WIR ARBEITEN UND DIE BURG TANZT!!
JETZT WERDET BLOSS NICHT FRECH! ICH BEANSPRUCHE NUR, WAS MIR ZUSTEHT! DIE SONDERABGABE ZAHLT IHR, BASTA!
NEIN, NEIN, NEIN!!
SOO NICHT!
... LASSEN UNS DAS DOCH NICHT GEFALLEN!
... DAS IST UNSER VERBRIEFTES RECHT!
DAS MELDEN WIR DEM KÖNIG!!
GENAU!!
PROST!

WAAS!? IHR WOLLT MICH AUCH NOCH HINTERGEHEN! JETZT REICHTS MIR ABER! NOCH BESTIMME ICH HIER! WACHEN!!
JETZT LÄSST DER HERZOG DIE MUSKELN SPIELEN ...
LOS MÄNNER, IN DEN WEISSEN SAAL!!
... ER BRAUCHT DAS GELD!!
DIESE BÜRGER WIDERSETZEN SICH MEINEN ANORDNUNGEN. ALLE FESTNEHMEN! WERFT SIE IN DEN KERKER!
WAAS!? DER MACHT ERNST!
DAS WERDET IHR NOCH BITTER BEREUEN, HERZOG!
ACH WAS! ABFÜHREN!!
IM BURGVERLIES:
DER HERZOG LÄSST UNS SCHMOREN! WAS SOLLEN WIR TUN?
TUN KÖNNEN WIR JETZT GARNICHTS! HIER KOMMT KEINER RAUS!!
WIR SIND FREIE BÜRGER! WAS DER HERZOG HIER MACHT, GEHT DIE GESAMTE STADT AN. ER SETZT SICH ÜBER UNSER BÜRGERRECHT HINWEG! EIN RECHTSBRU...
PST, RÖCKL! ICH HÖRE SCHRITTE!
TAP, TAP, TAP...

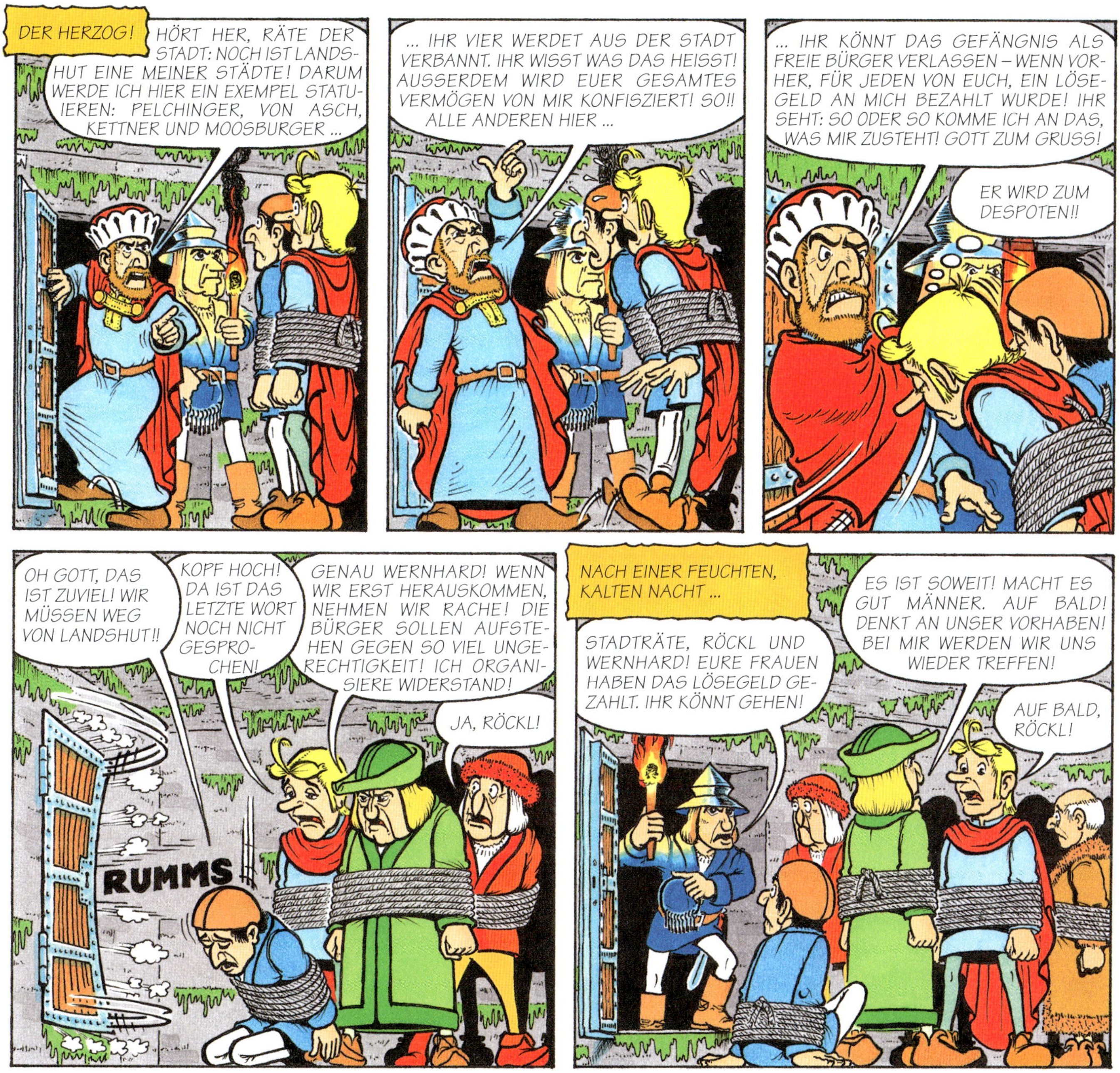
DER HERZOG!
HÖRT HER, RÄTE DER STADT: NOCH IST LANDSHUT EINE MEINER STÄDTE! DARUM WERDE ICH HIER EIN EXEMPEL STATUIEREN: PELCHINGER, VON ASCH, KETTNER UND MOOSBURGER ...
... IHR VIER WERDET AUS DER STADT VERBANNT. IHR WISST WAS DAS HEISST! AUSSERDEM WIRD EUER GESAMTES VERMÖGEN VON MIR KONFISZIERT! SO!! ALLE ANDEREN HIER ...
... IHR KÖNNT DAS GEFÄNGNIS ALS FREIE BÜRGER VERLASSEN – WENN VORHER, FÜR JEDEN VON EUCH, EIN LÖSEGELD AN MICH BEZAHLT WURDE! IHR SEHT: SO ODER SO KOMME ICH AN DAS, WAS MIR ZUSTEHT! GOTT ZUM GRUSS!
ER WIRD ZUM DESPOTEN!!
OH GOTT, DAS IST ZUVIEL! WIR MÜSSEN WEG VON LANDSHUT!!
KOPF HOCH! DA IST DAS LETZTE WORT NOCH NICHT GESPROCHEN!
GENAU WERNHARD! WENN WIR ERST HERAUSKOMMEN, NEHMEN WIR RACHE! DIE BÜRGER SOLLEN AUFSTEHEN GEGEN SO VIEL UNGERECHTIGKEIT! ICH ORGANISIERE WIDERSTAND!
JA, RÖCKL!
RUMMS
NACH EINER FEUCHTEN, KALTEN NACHT ...
STADTRÄTE, RÖCKL UND WERNHARD! EURE FRAUEN HABEN DAS LÖSEGELD GEZAHLT. IHR KÖNNT GEHEN!
ES IST SOWEIT! MACHT ES GUT MÄNNER. AUF BALD! DENKT AN UNSER VORHABEN! BEI MIR WERDEN WIR UNS WIEDER TREFFEN!
AUF BALD, RÖCKL!

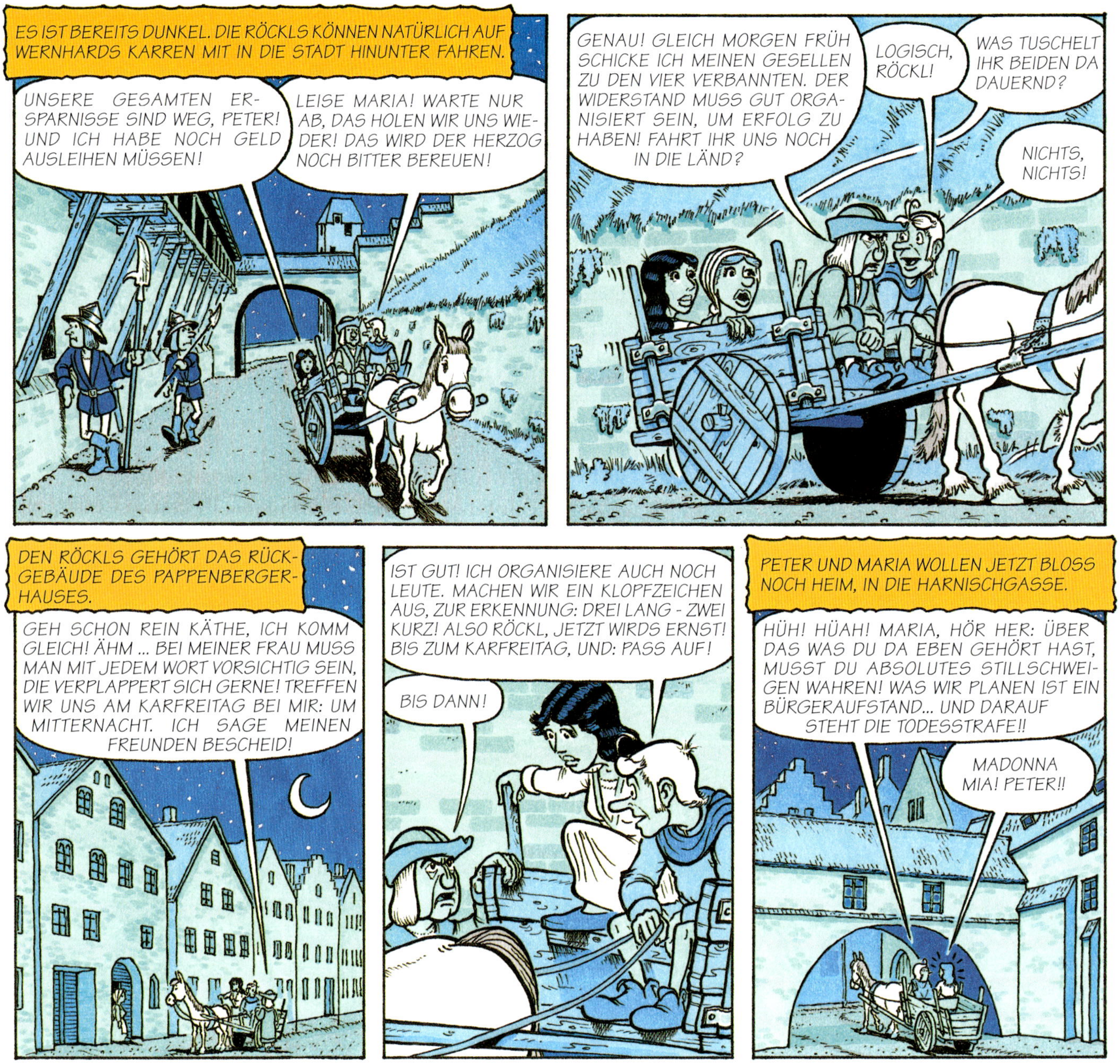
ES IST BEREITS DUNKEL. DIE RÖCKLS KÖNNEN NATÜRLICH AUF WERNHARDS KARREN MIT IN DIE STADT HINUNTER FAHREN.
UNSERE GESAMTEN ERSPARNISSE SIND WEG, PETER! UND ICH HABE NOCH GELD AUSLEIHEN MÜSSEN!
LEISE MARIA! WARTE NUR AB, DAS HOLEN WIR UNS WIEDER! DAS WIRD DER HERZOG NOCH BITTER BEREUEN!
GENAU! GLEICH MORGEN FRÜH SCHICKE ICH MEINEN GESELLEN ZU DEN VIER VERBANNTEN. DER WIDERSTAND MUSS GUT ORGANISIERT SEIN, UM ERFOLG ZU HABEN! FAHRT IHR UNS NOCH IN DIE LÄND?
LOGISCH, RÖCKL!
WAS TUSCHELT IHR BEIDEN DA DAUERND?
NICHTS, NICHTS!
DEN RÖCKLS GEHÖRT DAS RÜCKGEBÄUDE DES PAPPENBERGERHAUSES.
GEH SCHON REIN KÄTHE, ICH KOMM GLEICH! ÄHM ... BEI MEINER FRAU MUSS MAN MIT JEDEM WORT VORSICHTIG SEIN, DIE VERPLAPPERT SICH GERNE! TREFFEN WIR UNS AM KARFREITAG BEI MIR: UM MITTERNACHT. ICH SAGE MEINEN FREUNDEN BESCHEID!
IST GUT! ICH ORGANISIERE AUCH NOCH LEUTE. MACHEN WIR EIN KLOPFZEICHEN AUS, ZUR ERKENNUNG: DREI LANG - ZWEI KURZ! ALSO RÖCKL, JETZT WIRDS ERNST! BIS ZUM KARFREITAG, UND: PASS AUF!
BIS DANN!
PETER UND MARIA WOLLEN JETZT BLOSS NOCH HEIM, IN DIE HARNISCHGASSE.
HÜH! HÜAH! MARIA, HÖR HER: ÜBER DAS WAS DU DA EBEN GEHÖRT HAST, MUSST DU ABSOLUTES STILLSCHWEIGEN WAHREN! WAS WIR PLANEN IST EIN BÜRGERAUFSTAND... UND DARAUF STEHT DIE TODESSTRAFE!!
MADONNA MIA! PETER!!

GUT ZWEI WOCHEN VERGEHEN. JETZT IST SIE DA: DIE KARFREITAGSNACHT DES JAHRES 1410!
PSST! WIR SIND DA: HIER IST DER TURM! ES IST DIE RICHTIGE ZEIT. ICH GEBE DAS KLOPFZEICHEN!
POCH... POCH... POCH... POCHPOCH!
WIR SIND ES: PELCHINGER, VON ASCH, KETTNER UND MOOSBURGER! WIE KOMMEN WIR ZU EUCH REIN?
AH, ENDLICH! ICH SPERRE EUCH AUF! GLEICH KOMMT DER NACHTWÄCHTER ZURÜCK! ALSO: PASST AUF UND BEEILT EUCH!!
DER MOOSBURGER! KOMM REIN! ES SIND SCHON VIELE DA. UND MACHT LEISE, MEINE FRAU SCHLÄFT ZWAR, DIE BRAUCHT ABER HIER NICHTS MITZUBEKOMMEN ...
IST KLAR, RÖCKL!
ETWA 50 GLEICHGESINNTE ERWARTEN DIE VERBANNTEN. DER RAUM IST BRECHEND VOLL!
IN´ABEND, LEUDE!
SEID GEGRÜSST, FREUNDE!
JETZT SIND WIR VOLLZÄHLIG!
MENSCH LEUTE, HÄNGT DIE FENSTER ZU! DER SCHEIN DER FACKELN DRINGT NACH DRAUSSEN! WIR MÜSSEN VORSICHTIG SEIN!
GENAU! UND LASST DEN KAMIN AUSGEHEN! SICHER IST SICHER!

HÖRT HER, FREUNDE! JEDEM VON EUCH IST JA KLAR, WARUM WIR HIER ZUSAMMENKOMMEN: DEN HERZOG KÜMMERN UNSERE RECHTE UND FREIHEITEN Ü-BER-HAUPT-NICHT MEHR! UND ER WILL GELD VON UNS, DAS IHM NICHT ZUSTEHT! WIR MÜSSEN HANDELN!
ZAHLEN WIR HALT EINFACH EINE ZEIT LANG GAR KEINE STEUERN MEHR! BEI DER FINANZLAGE DES HERZOGS GEHT IHM - HAST DU NICHT GESEHEN - DIE LUFT AUS!
WAS GLAUBST DU, WIE SCHNELL DER HERZOG SEINE TRUPPEN ZU UNS SCHICKT! DIE HOLEN SICH DAS GELD!!
DANN MÜSSEN WIR DIE BÜRGER IN LANDSHUT EBEN BEWAFFNEN! UND UNS WEHREN! DER GLAUBT SONST, ER KANN ALLES MIT UNS MACHEN!
OU - OU - OU, RÖCKL, RÖCKL! DANN ESKALIERT DIE AUSEINANDERSETZUNG ABER GEWALTIG!
ZUR GLEICHEN ZEIT, EIN STOCKWERK TIEFER: RÖCKLS TREULOSE EHEFRAU LÄSST GERADE IHREN LIEBHABER IN DIE WERKSTATT IHRES MANNES EIN!
TAB, TAB, KNARZ!
BRRR... IST MIR KALT! JOSEFINE, OH LIEBSTE, DU HAST MICH ABER LANGE WARTEN LASSEN! BRRR... LASS MICH EIN BISSCHEN AN DIR WÄRMEN, KOMM!
WARTE NOCH, ULRICH, DU WILDER, DU! ICH HÖRE OBEN IMMER NOCH SCHRITTE! MEIN MANN GEHT EINFACH NICHT INS BETT! WAS MACHT DER BLOSS? ER IST SO KOMISCH IN LETZTER ZEIT?!
ULRICH ABER IST EIN TREUER ANHÄNGER DES HERZOGS. OH RÖCKLIN, WAS TUST DU DEINEM MANN NUR ALLES AN!!
TAB, TAB...
ULRICH!! NICHT DOCH! WENN MEIN MANN KOMMT! ICH SCHAUE MAL KURZ RAUF, WAS ER MACHT. VERSTECK DICH VORSICHTSHALBER! ICH BIN GLEICH WIEDER DA!
HM, NJA... WENN DU MEINST. ABER BEEILE DICH, LIEBSTE!

DIE ZEIT VERGEHT...
KNARZ TAB, TAB, TAB...
OH MANN! WO BLEIBT DIE BLOSS! SIE WIRD DOCH NICHT ETWA EINGESCHLAFEN SEIN! UM DIESE ZEIT! ICH SCHLEICHE MICH MAL RAUF!
... LEISE, LEISE ... AHA!
PST?
PSST!
MURMEL, MURMEL ...
NEIN, NEIN! EIN ATTENTAT AUF DEN HERZOG IST KEINE LÖSUNG! WENN RAUSKOMMT, DASS WIR DAHINTER STECKEN, IST DIE GANZE STADT GELIEFERT!
ENTWEDER – ODER! AUF BÜRGERAUFSTAND STEHT SOWIESO DIE TODESSTRAFE: TSCHÜSSIKOWSKI!
ULRICH WEISS NATÜRLICH UM DIE SPANNUNGEN ZWISCHEN HERZOG UND BÜRGERN. ER VERSTEHT SOFORT, WAS SICH HIER ZUSAMMENBRAUT!!
... EIN UNFALL AUF DER JAGD? JA, DAS KÖNNTE MAN MAL DURCHDENKEN.
– FLÜSTER – ÄHM ... JOSEFINE, ICH MUSS JETZT GEHEN. MEINE FRAU WIRD SONST MISSTRAUISCH, DU VERSTEHST? MORGEN NACHT KOMME ICH WIEDER!
– FLÜSTER – JA, LIEBSTER, ES IST BESSER SO, ABER DU VERRÄTST DOCH NICHTS VON DEM HIER?!

ULRICH REITET NATÜRLICH SOFORT AUF DIE BURG HOCH!
OH JOSEFINE, DU BIST SO NAIV WIE DIE NACHT FINSTER IST!
HOFMEISTER, BRING MICH ZUM HERZOG! SCHNELL! DIE LANDSHUTER PLANEN EINE VERSCHWÖRUNG! ER IST IN HÖCHSTER GEFAHR!
WAAS?!
... UND ES SIND UM DIE 50 MÄNNER!
ICH FASS ES NICHT! SCHICKT SOFORT DIE BURGBESATZUNG RUNTER! VIELLEICHT ERWISCHEN WIR SIE NOCH AUF FRISCHER TAT! ICH KOMME GLEICH NACH! LOS!!
JETZT GEHT ALLES SEHR SCHNELL! WIEDER UNTEN IM PAPPENBERGERHAUS:
HE, IHR DA DRINNEN! DAS HAUS IST UMSTELLT! ERGEBT EUCH, IHR HABT KEINE CHANCE! KOMMT EINZELN HERAUS!!
MIST! SIE HABEN UNS ENTDECKT!
FLIEHT!
OH, SCHRECK!
PETER WERNHARD ABER AHNT SOFORT, WAS IHM UND SEINEN FREUNDEN BLÜHT! ER FLÜCHTET LIEBER NICHT NACH DRAUSSEN!
VOR DEM HAUS WARTEN BESTIMMT HUNDERTE! ICH VERSTECKE MICH BESSER. DA, IM KAMIN! SCHNELL!
LOS, SCHNELL WEG!
LASST MICH DURCH!
AUA!
JETZT GEHT ES UNS AN DEN KRAGEN!!

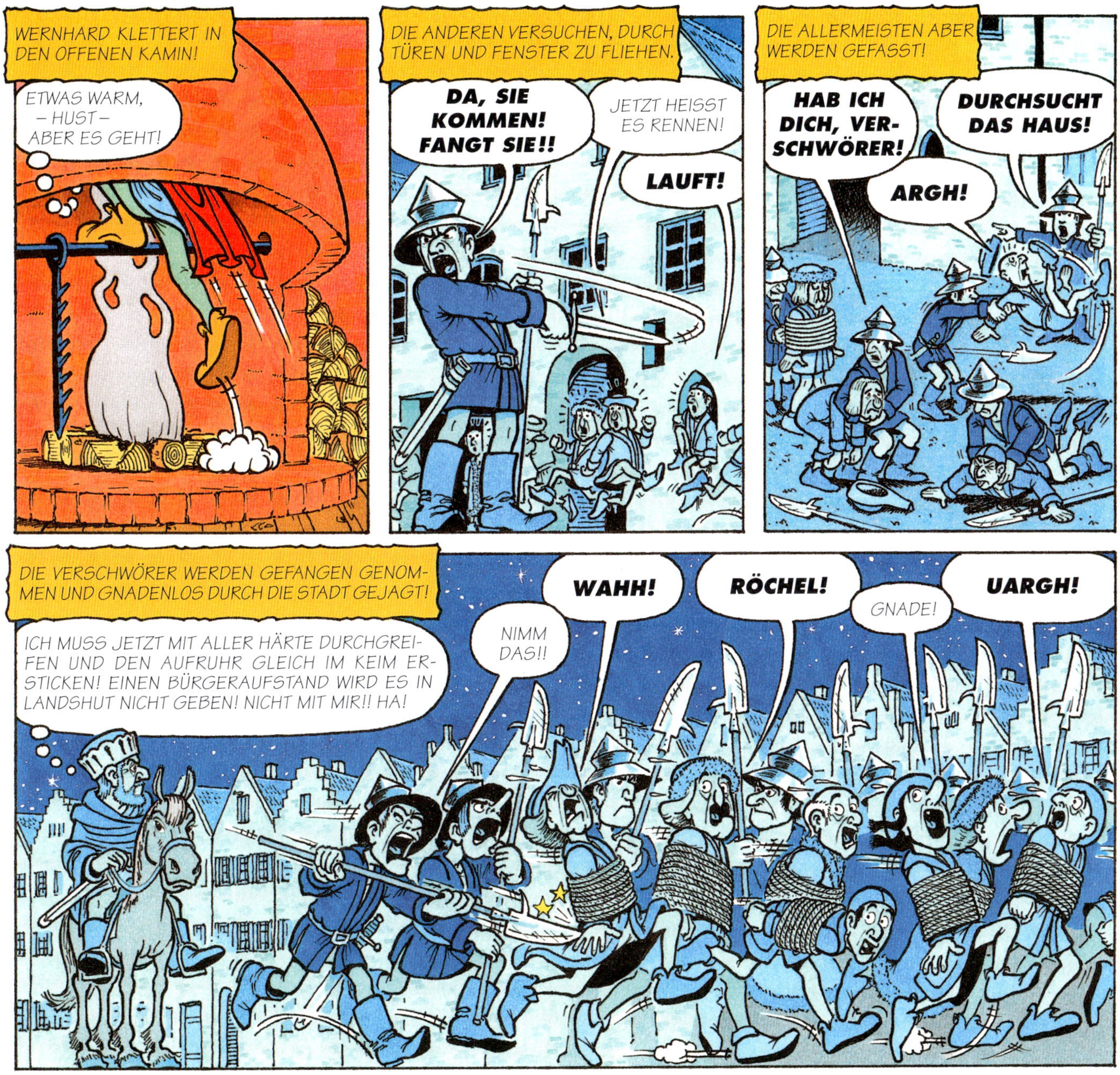
WERNHARD KLETTERT IN DEN OFFENEN KAMIN!
ETWAS WARM, – HUST – ABER ES GEHT!
DIE ANDEREN VERSUCHEN, DURCH TÜREN UND FENSTER ZU FLIEHEN.
DA, SIE KOMMEN! FANGT SIE!!
JETZT HEISST ES RENNEN!
LAUFT!
DIE ALLERMEISTEN ABER WERDEN GEFASST!
HAB ICH DICH, VERSCHWÖRER!
DURCHSUCHT DAS HAUS!
ARGH!
DIE VERSCHWÖRER WERDEN GEFANGEN GENOMMEN UND GNADENLOS DURCH DIE STADT GEJAGT!
ICH MUSS JETZT MIT ALLER HÄRTE DURCHGREIFEN UND DEN AUFRUHR GLEICH IM KEIM ERSTICKEN! EINEN BÜRGERAUFSTAND WIRD ES IN LANDSHUT NICHT GEBEN! NICHT MIT MIR!! HA!
NIMM DAS!!
WAHH!
RÖCHEL!
GNADE!
UARGH!

WERNHARD ABER, WIRD VON DEN MÄNNERN DES HERZOGS NICHT ENTDECKT! GOTT SEI DANK!!
ALLE ZIMMER DURCHSUCHT! WIR HABEN ALLE!
GUT! GEHEN WIR! UND NEHMT AUCH DIE FRAU MIT!
UFF!
JETZT IST ES RUHIG. ICH KLETTERE DEN KAMIN HOCH UND VERSUCHE, ÜBER DIE DÄCHER ZU ENTKOMMEN, SO LANGE ES NOCH DUNKEL IST! WER HAT UNS BLOSS VERPFIFFEN?
DACHTE ES MIR DOCH: UM DAS HAUS STEHEN ÜBERALL WACHEN! ICH MUSS ÜBER DIE DÄCHER WEITER WEG UND DANN ÜBER DIE STADTMAUER!
AN EINEM ALTEN EFEU KLETTERT WERNHARD DIE STADTMAUER HINAB UND IST JETZT AUSSERHALB DER STADT. ES DÄMMERT SCHON!
HOFFENTLICH VERRÄT MICH VON DEN ANDEREN KEINER! SONST BIN ICH AUCH FÄLLIG!!
SCHNELL HEIM! ICH STEHE UNTER VERDACHT UND WERDE MIT SICHERHEIT VERHÖRT WERDEN! ICH BRAUCHE EIN ALIBI ... MARIA!! HOFFENTLICH SIND SIE NICHT SCHON BEI IHR ZUHAUSE!?
KNARZ
PETER WERNHARD HAT GLÜCK! MAN KANN IHM NICHTS NACHWEISEN UND KEINER SEINER FREUNDE VERRÄT IHN. DIE GEFANGEN GENOMMENEN VERSCHWÖRER ABER WERDEN HART BESTRAFT. EINIGE SOGAR HINGERICHTET. ALS STRAFE FÜR DIE GANZE STADT SCHRÄNKT DER HERZOG DIE STADTRECHTE EIN. ER HAT DAZU JA DIE NÖTIGE MACHT!

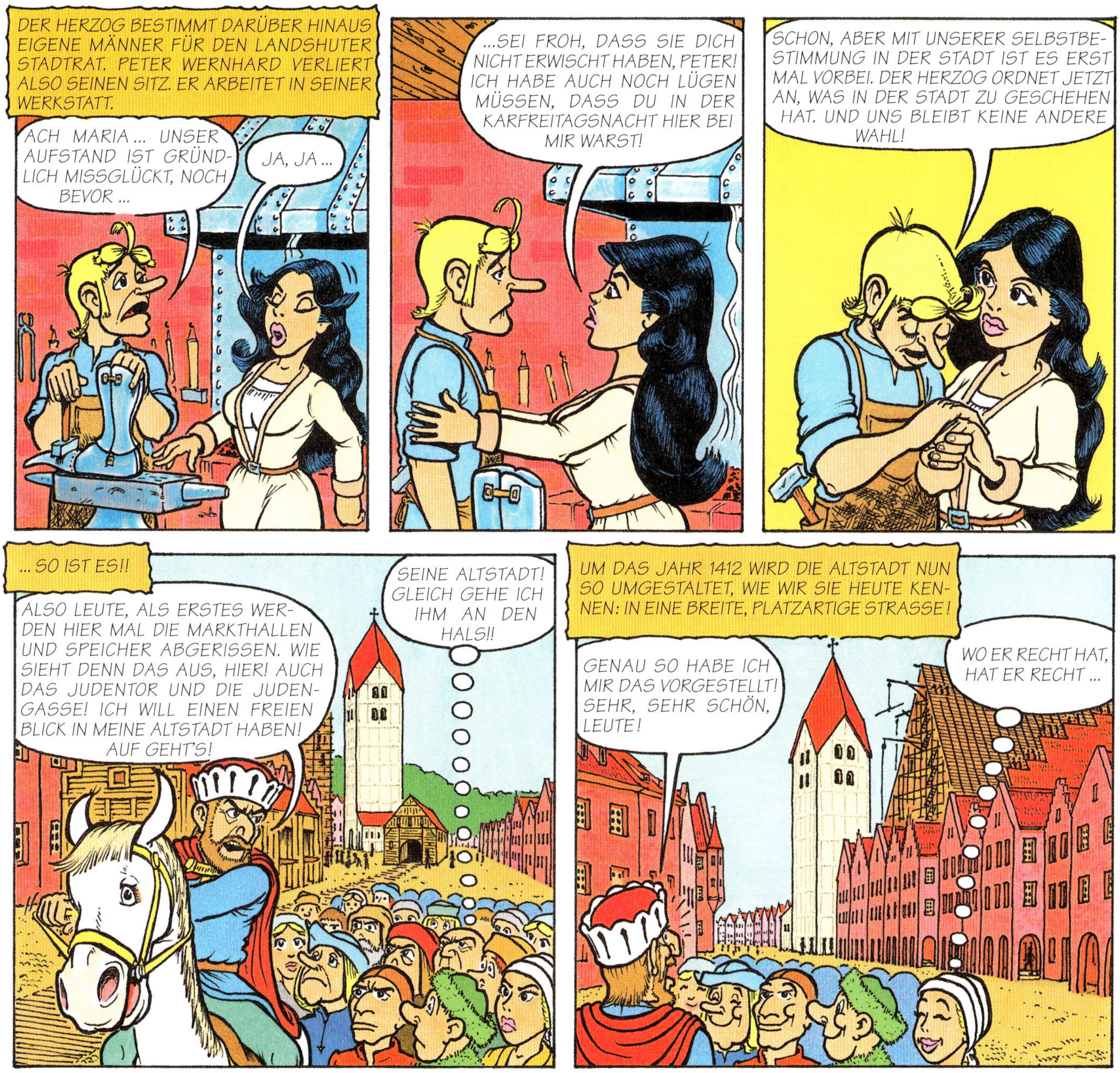
DER HERZOG BESTIMMT DARÜBER HINAUS EIGENE MÄNNER FÜR DEN LANDSHUTER STADTRAT. PETER WERNHARD VERLIERT ALSO SEINEN SITZ. ER ARBEITET IN SEINER WERKSTATT.
ACH MARIA ... UNSER AUFSTAND IST GRÜNDLICH MISSGLÜCKT, NOCH BEVOR ...
JA, JA ...
...SEI FROH, DASS SIE DICH NICHT ERWISCHT HABEN, PETER! ICH HABE AUCH NOCH LÜGEN MÜSSEN, DASS DU IN DER KARFREITAGSNACHT HIER BEI MIR WARST!
SCHON, ABER MIT UNSERER SELBSTBESTIMMUNG IN DER STADT IST ES ERST MAL VORBEI. DER HERZOG ORDNET JETZT AN, WAS IN DER STADT ZU GESCHEHEN HAT. UND UNS BLEIBT KEINE ANDERE WAHL!
... SO IST ES!!
ALSO LEUTE, ALS ERSTES WERDEN HIER MAL DIE MARKTHALLEN UND SPEICHER ABGERISSEN. WIE SIEHT DENN DAS AUS, HIER! AUCH DAS JUDENTOR UND DIE JUDENGASSE! ICH WILL EINEN FREIEN BLICK IN MEINE ALTSTADT HABEN! AUF GEHT'S!
SEINE ALTSTADT! GLEICH GEHE ICH IHM AN DEN HALS!!
UM DAS JAHR 1412 WIRD DIE ALTSTADT NUN SO UMGESTALTET, WIE WIR SIE HEUTE KENNEN: IN EINE BREITE, PLATZARTIGE STRASSE!
GENAU SO HABE ICH MIR DAS VORGESTELLT! SEHR, SEHR SCHÖN, LEUTE!
WO ER RECHT HAT, HAT ER RECHT ...

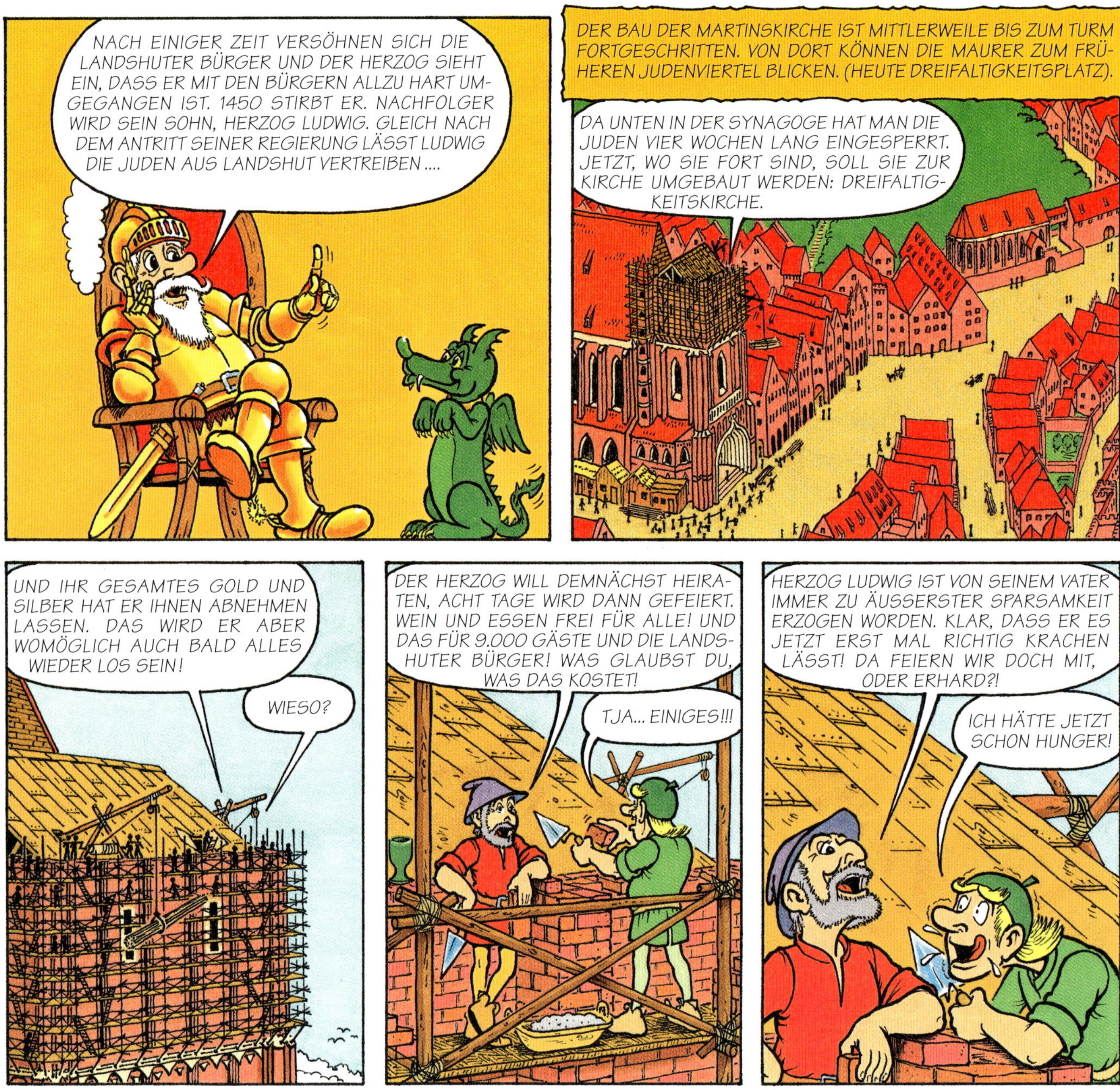
NACH EINIGER ZEIT VERSÖHNEN SICH DIE LANDSHUTER BÜRGER UND DER HERZOG SIEHT EIN, DASS ER MIT DEN BÜRGERN ALLZU HART UMGEGANGEN IST. 1450 STIRBT ER. NACHFOLGER WIRD SEIN SOHN, HERZOG LUDWIG. GLEICH NACH DEM ANTRITT SEINER REGIERUNG LÄSST LUDWIG DIE JUDEN AUS LANDSHUT VERTREIBEN ....
DER BAU DER MARTINSKIRCHE IST MITTLERWEILE BIS ZUM TURM FORTGESCHRITTEN. VON DORT KÖNNEN DIE MAURER ZUM FRÜHEREN JUDENVIERTEL BLICKEN. (HEUTE DREIFALTIGKEITSPLATZ).
DA UNTEN IN DER SYNAGOGE HAT MAN DIE JUDEN VIER WOCHEN LANG EINGESPERRT. JETZT, WO SIE FORT SIND, SOLL SIE ZUR KIRCHE UMGEBAUT WERDEN: DREIFALTIGKEITSKIRCHE.
UND IHR GESAMTES GOLD UND SILBER HAT ER IHNEN ABNEHMEN LASSEN. DAS WIRD ER ABER WOMÖGLICH AUCH BALD ALLES WIEDER LOS SEIN!
WIESO?
DER HERZOG WILL DEMNÄCHST HEIRATEN, ACHT TAGE WIRD DANN GEFEIERT. WEIN UND ESSEN FREI FÜR ALLE! UND DAS FÜR 9.000 GÄSTE UND DIE LANDSHUTER BÜRGER! WAS GLAUBST DU, WAS DAS KOSTET!
TJA... EINIGES!!!
HERZOG LUDWIG IST VON SEINEM VATER IMMER ZU ÄUSSERSTER SPARSAMKEIT ERZOGEN WORDEN. KLAR, DASS ER ES JETZT ERST MAL RICHTIG KRACHEN LÄSST! DA FEIERN WIR DOCH MIT, ODER ERHARD?!
ICH HÄTTE JETZT SCHON HUNGER!

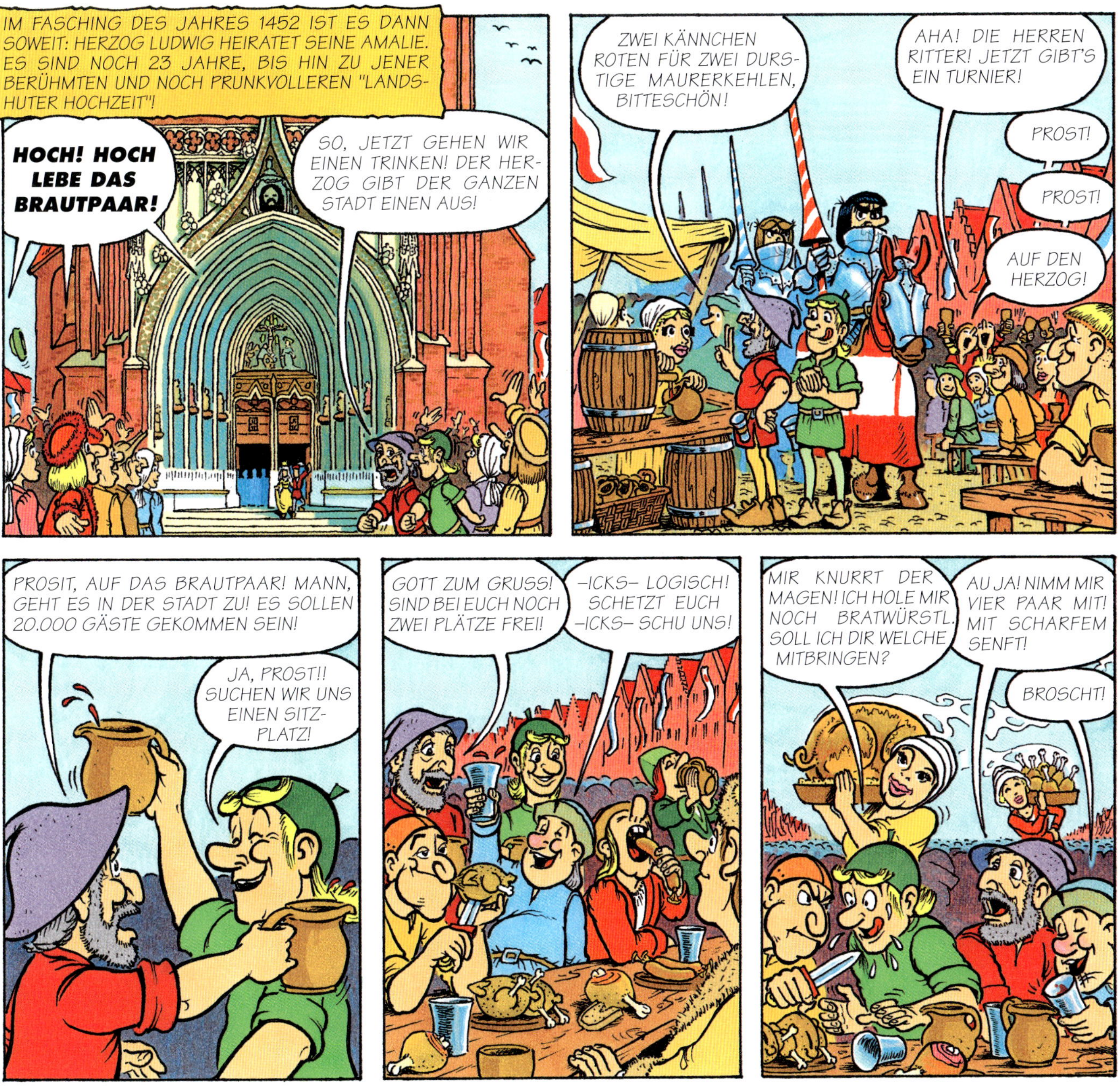
IM FASCHING DES JAHRES 1452 IST ES DANN SOWEIT: HERZOG LUDWIG HEIRATET SEINE AMALIE. ES SIND NOCH 23 JAHRE, BIS HIN ZU JENER BERÜHMTEN UND NOCH PRUNKVOLLEREN "LANDSHUTER HOCHZEIT"!
HOCH! HOCH LEBE DAS BRAUTPAAR!
SO, JETZT GEHEN WIR EINEN TRINKEN! DER HERZOG GIBT DER GANZEN STADT EINEN AUS!
ZWEI KÄNNCHEN ROTEN FÜR ZWEI DURSTIGE MAURERKEHLEN, BITTESCHÖN!
AHA! DIE HERREN RITTER! JETZT GIBT'S EIN TURNIER!
PROST!
PROST!
AUF DEN HERZOG!
PROSIT, AUF DAS BRAUTPAAR! MANN, GEHT ES IN DER STADT ZU! ES SOLLEN 20.000 GÄSTE GEKOMMEN SEIN!
JA, PROST!! SUCHEN WIR UNS EINEN SITZPLATZ!
GOTT ZUM GRUSS! SIND BEI EUCH NOCH ZWEI PLÄTZE FREI!
–ICKS– LOGISCH! SCHETZT EUCH –ICKS– SCHU UNS!
MIR KNURRT DER MAGEN! ICH HOLE MIR NOCH BRATWÜRSTL. SOLL ICH DIR WELCHE MITBRINGEN?
AU JA! NIMM MIR VIER PAAR MIT! MIT SCHARFEM SENFT!
BROSCHT!

GANZ LANDSHUT FEIERT MIT SEINEN GÄSTEN! IN DER STADT UND AUF DER BURG!
AMALIE LIEBSTE! SOLL ICH DIR DEINE NEUEN RÄUMLICHKEITEN ZEIGEN? ALSO ... ÄHM, DAS SCHLAF-ZIMMER IST ...
LUDWIG! NA, NA! ... WIR MÜSSEN UNS DOCH JETZT UM UNSERE GÄSTE KÜMMERN!
HOCH! HOCH LEBE DAS BRAUTPAAR!
ACHT PAAR BRATWÜRSTL BITTSCHÖN!
BEI MIR GIBTS BLOSS LANGE UND POLNISCHE!
PROST!
BROSCHT!
WEYH

DREI JAHRE NACH IHRER HOCHZEIT WIRD AMALIE UND LUDWIG EIN SOHN GEBOREN. SIE NENNEN IHN GEORG.
VON DESSEN HOCHZEIT IN LANDSHUT, DIE NOCH GRÖSSER UND PRÄCHTIGER SEIN WIRD, HANDELT DER NÄCHSTE BAND IN DIESER BUCHREIHE "LANDSHUTER STADTGESCHICHTE".

EIN DIEB IN DER HEILIGGEISTKIRCHE

Am 6. Mai 1435 wurde die noch im Bau befindliche Heiliggeistkirche zum Tatort eines Verbrechens.
Die Handwerker hatten soeben das Gotteshaus verlassen, um sich in der Mittagspause ein wenig von ihrer anstrengenden Arbeit zu erholen. Darauf hatte ein gewisser Thomas – er stammte aus Braunau – gerade gewartet. Dieser Schuft, der schon anderen Orts als Kirchendieb sein Unwesen getrieben hatte, schlich sich auf leisen Sohlen und vorsichtigen Schrittes zwischen den Werkzeugen und Materialien der Bauleute hindurch und erreichte so den mächtigen Chorpfeiler mit dem Sakramentshäuschen. In diesem wurde ein silberner Speisekelch aufbewahrt, der mit Hostien angefüllt war. Auf dieses Wertstück hatte es unser Gauner abgesehen. Er brach das Eisentürchen auf und holte den Kelch heraus. Die Hostien, an denen ihm natürlich nichts gelegen war, schüttete er auf die Steinplatte des Altars der Katharinenkapelle. Um keinen vorzeitigen Verdacht auf eine kriminelle Handlung aufkeimen zu lassen, bedeckte er die heiligen Brote mit dem Altartuch. Dann versteckte er das Ziborium zwischen den Falten seines Gewandes und trug es verstohlen nach Hause.
Sobald gut drei Wochen verstrichen waren und sich somit die erste Aufregung in der Sache gelegt hatte, drängte Thomas die Ungeduld, seine Beute in Geld zu verwandeln. Dabei konnte ihm seine Freundin Margaretha, eine Moosburgerin, zu Diensten sein. Die wusste nämlich von einem Bürger, der für den Erwerb solch kostbaren Gutes in Frage kam.
Als Margaretha mit dem heiligen Gegenstand verabredungsgemäß bei jenem Bürger vorstellig wurde und ihm das Kaufangebot unterbreitete, zeigte dieser durchaus Interesse, war sich seiner Sache aber, besonders hinsichtlich des Preises, noch unsicher und bat deshalb um etwas Bedenkzeit. Diese nutzte er, um einen Goldschmied aufzusuchen, der ihn fachmännisch beraten sollte.
Welch böse Überraschung muss es für den Bürger gewesen sein, als der Goldschmied im Kelch eine Arbeit von eigener Hand erkannte, die er für die Heiliggeistkirche angefertigt hatte! Hier musste etwas faul sein! Er informiert unverzüglich den Bürgermeister. Der greift sofort ein und Thomas wird am Milchmarkt in der Unteren Altstadt verhaftet. Von Bürgermeister und Räten verhört, gesteht er die Tat. Er und Margaretha wandern vorläufig ins Stadtgefängnis. Am 2. Juni wird Thomas zum Tode durch Verbrennen verurteilt. Schon am nächsten Tag wird er hingerichtet.
Margaretha, die in der Haft ihre Unschuld beteuert, wird an den Pranger gestellt. Zuvor hat man ihr die Ohren abgeschnitten.

DAS BEGRÄBNIS HERZOG HEINRICHS DES REICHEN

46 Jahre hatte Heinrich der Reiche das Land regiert, als er nach etwa dreiwöchiger Krankheit Ende Juli 1450 starb. Nachdem der Herzog, wie es heißt, zwischen der fünften und sechsten Stunde verschieden war, wurde er in der Burgkapelle aufgebahrt und "mit Ehren besungen", wozu auch die zwölf Herren des inneren Rates erschienen waren. Um ein Uhr nachmittags versammelten sich alle Zünfte mit ihren Kerzen, alle Männer und Frauen, und zogen mit der gesamten Priesterschaft dem Leichnam entgegen, der von der Burg herab nach St. Martin gebracht wurde. Dort sangen sie Vigil (von lateinisch "vigilia", das Wachsein, die Nachtwache; also nächtliches Gebet). Nach der Vigil trugen sie den Leichnam in einer langen Prozession nach Seligenthal, wo er kurze Zeit aufgebahrt blieb. – Die Stadttore waren inzwischen geschlossen und Wachen postiert worden. – Schließlich bestattete man ihn im Grab seines Vaters Friedrich I. in einem mit Pech abgedichteten Sarg, der geöffnet worden war, und "verschüttete ihn mit Kalk und Erdreich". Das heißt, dass man nach der Öffnung von Friedrichs Grab den Sargdeckel aufbrach und den Sohn im gleichen Sarg wie den Vater bestattete. Den Kalk verwendete man zur Desinfektion. Danach sang man dreißig Tage jede Nacht Vigil und jeden Morgen wurden Seelenmessen gelesen. Tag und Nacht brannten zwanzig Kerzen. Die Herren vom Rat und andere angesehene Bürger besuchten mit ihren Frauen die Vigilien und Seelenmessen. Am 4. August, also erst nach der Beerdigung, kam Heinrichs Sohn Ludwig aus Burghausen.
Nach dem dreißigsten Tag ließ der junge Herzog des toten Vaters in Seligenthal "mit gar vielen Messen" gedenken. Bischöfe und Prälaten fanden sich aus diesem Anlass in großer Zahl ein.
Herzog Ludwig speiste sie alle, Fürsten und Priester und viele andere Menschen; insgesamt sollen es etwa 4 000 gewesen sein. Dazu hatte er "eine Kuchel (Küche) am Markte", also in der Altstadt, aufstellen lassen; auch im Rathaus und in etlichen anderen Häusern saß man zusammen. Für die armen Leute im Spital war dort eine eigene Küche aufgestellt worden; zu den Speisen wurde auch Wein ausgeschenkt. "Danach sang man das ganze Jahr über alle Tage Vigil und Seelenamt, und es brannten das ganze Jahr über Kerzen bei dem Grab."

DIE VERTREIBUNG DER JUDEN IM JAHR 1450

Herzog Heinrich der Reiche hatte den Juden Jahrzehnte lang Schutz gewährt; einen Schutz, den er auch in schwierigen Zeiten aufrecht erhielt.

In der Mitte des 15. Jahrhunderts waren die Beziehungen zwischen Christen und Juden sehr angespannt. Der Groll gegen die "Wucherer", als die man sie beschimpfte, war bedrohlich angewachsen. Die Kirche betonte die Unterschiede zwischen Christen und Juden und fanatische Prediger erklärten die Juden zu Sündenböcken für alles Unheil, das dem Volk zustieß. Eine dieser Katastrophen war eine Seuche im Jahr 1444, die innerhalb eines Sommers in Landshut und Umgebung sehr viele Menschen dahingerafft haben soll.

Einer jener Prediger, die mit ihren Hasstiraden das Volk in der Stadt und auf dem Land aufwiegelten, war der Dominikanerbruder Heinrich Feuchtwanger. Er hatte es sogar fertig gebracht, dass man den Juden kein Fleisch und Brot mehr geben wollte. Herzog Heinrich reagierte darauf mit der Drohung, er werde den neuen Rat erst einsetzen, wenn mit den Juden wieder alles beim Alten sei. Außerdem verwies er den Prediger Feuchtwanger des Landes. Ende Juli 1449 machte sich dieser aus dem Staub. Papst Nikolaus V. (1447 bis 1455) allerdings gefiel das Verhalten des Herzogs gegenüber den Juden überhaupt nicht. Deshalb ließ er durch seinen Hoftheologen Heinrich Kalteisen, der ebenfalls Dominikaner war, bei Herzog Heinrich schriftlich Protest einlegen und ihn auffordern, Predigten gegen die Juden nicht zu behindern. Kalteisen warf in seinem Schreiben den Juden vor, "Christenmenschen getötet und deren Blut gebraucht zu haben", "Christus, den Erlöser, und seine Mutter zu verschmähen" und "alle Christen für ungläubig zu halten", überhaupt seien sie "verworfene Menschen". Herzog Heinrich hat sich von diesem hasserfüllten Geschwätz nicht beeindrucken lassen. Doch seine Tage waren gezählt.

Unter Heinrichs Sohn und Nachfolger Herzog Ludwig dem Reichen (1450 bis 1479) änderten sich die Verhältnisse grundlegend. Er hat die Juden aus Landshut vertrieben.

Am Morgen des 5. Oktober 1450, als man das Frühglöcklein auf der Trausnitz läutete, ließ der Herzog alle Juden festnehmen und die Männer in der Schergenstube, die Frauen und Kinder in der Synagoge einsperren. Ihre Wohnungen wurden mit Wachen besetzt. Was man von ihrem Besitz an Gold und Silber an anderen Orten fand, dessen bemächtigte sich der Herzog. Seine Räte und Diener sprach er von allen Schulden frei und übergab ihnen ihre Schuldbriefe. Die übrigen Untertanen zahlten den Juden nur das Entliehene ohne Zinsen zurück. Vier Wochen waren die Juden gefangen gehalten worden, dann mussten sie im November binnen drei Tagen die Stadt verlassen. Den Hausrat hatte man ihnen

zurückerstattet, ebenso die Bücher und anderen Dinge, die sie in der Synagoge besessen hatten. Etliche von ihnen aber zogen die Alternative sich taufen zu lassen dem Verlust der Heimat vor.
Nach der Vertreibung der Juden bedurfte man der Synagoge nicht mehr. Deshalb baute man sie um zu einer christlichen Nebenkirche von St. Martin. Von nun an hieß sie Dreifaltigkeitskirche. In der Zeit der Säkularisation wurde sie an eine Privatperson verkauft und schließlich abgerissen. Das Badhaus hat Ludwig beschlagnahmt und 1453 weiterverkauft.
Zur Zeit des Nationalsozialismus war der Dreifaltigkeitsplatz in Adolf-Hitler-Platz umbenannt.

DIE JUDEN ALS ATTENTÄTER ?
EINE SAGE
(Nach Johann Pollinger)

Das Vorgehen Ludwigs des Reichen gegen die Juden führte zur Entstehung verschiedener Sagen, die das Verhalten des Herzogs rechtfertigen sollten.
Herzog Ludwig hatte erfahren, dass die Juden sich verschworen hätten, ihn bei einer Ausfahrt zu ermorden. Um sich nun zu vergewissern, ob an dieser Sache etwas dran sei, ließ er eine Puppe nehmen, ihr seine Kleider anziehen, sie in seinen Wagen setzen und ausfahren. Und wirklich sei – wie es heißt – auf den Wagen mit der Puppe ein Anschlag verübt worden. Daraufhin habe er die Juden aus der Stadt und dem Land verjagt.

DIE JUDENVERTREIBUNG ALS RACHEAKT
EINE SAGE
(Nach Ulrich Fueterer)

Als Herzog Ludwig noch ein Knabe war, machte er sich einen Spaß daraus, zusammen mit anderen Edelknaben zum Fenster einer Stube der Trausnitz hinaus Steine den Berg hinunter zu werfen. Nun wohnten aber die Juden am Fuße des Burgbergs. Als einer von ihnen in seinem Garten von einem Stein verletzt wurde, beklagte er sich bei Herzog Heinrich, dem Vater Ludwigs. Der ließ den Hofmeister fragen, welcher der Edelknaben für die Verletzung verantwortlich sei, und hieß ihn, diesen mit der Rute kräftig zu verdreschen. Als herauskam, dass Ludwig der Übeltäter war, erhielt er die anbefohlene Strafe. Ludwig geriet darüber in solchen Zorn, dass er schimpfte, Gott möge ihm helfen, zu leben und Herrscher werde, dann wolle er alle Juden aus Stadt und Land vertreiben.

DIE HOCHZEIT HERZOG LUDWIGS DES REICHEN

Im Februar des Jahres 1452, zur Faschingszeit, heiratete Herzog Ludwig in Landshut die noch nicht ganz siebzehn Jahre alte Amalie (1435 bis 1502), die Tochter des Kurfürsten Friedrich II. des Sanftmütigen von Sachsen. Die Braut war ihm noch von seinem Vater Heinrich ausgesucht worden. Nachdem Amalie von Fürsten, Grafen und Rittern eingeholt und nach St. Martin geleitet worden war, vermählte der Erzbischof von Salzburg das Paar.

Die Hochzeitsfeierlichkeiten erstreckten sich über acht Tage. Am Faschingsdienstag wurde vormittags und nachmittags in der Altstadt ein Turnier abgehalten, an dem sich 72 Ritter beteiligten. Unter den erlauchten Gästen befanden sich Pfalzgraf Friedrich sowie Johann IV. (1460 bis 1463) und Sigmund von München (1460 bis 1467), außerdem sechs Bischöfe. Zu den etwa 9 000 geladenen Gästen waren angeblich noch 11 000 ungeladene gekommen. Das ist auch nicht verwunderlich, denn Ludwig hatte angeordnet, dass jeder, ob arm oder reich, der in die Stadt käme, auf seine Kosten mit Speisen und Wein erquickt werde. Diese Großzügigkeit des Herzogs brachte den Landshuter Wirten allerdings nicht das große Geschäft, weil die herzoglichen Küchen die gesamte Verköstigung lieferten. Dort, wo in der Stadt Wein ausgeschenkt wurde, waren jeweils zwei große Bottiche aufgestellt, von denen der eine weißen, der andere roten Rebensaft enthielt. Jeder konnte sich hier zweimal am Tag einschenken lassen und zu seinem Trunk noch einen Laib Brot in Empfang nehmen.

Die Menge der Speisen und des Weins, die ihren Weg in die vielen unersättlichen Mägen fand, war gigantisch: "An Hirschen wurden verzehrt 450 Stück, ohne anderes Wildbret, ferner 400 Ochsen, ohne Kälber und Schweine, die unzählig waren. Das alles war verzehrt in den drei Tagen der Fastnacht. Am Aschermittwoch und Donnerstag allein aß man um 1 800 Gulden Fisch, ohne die, welche dem Fürsten geschenkt worden waren, und auch ohne die, welche er in seinen eigenen Gewässern hatte fangen lassen. An welschem Wein und Malvasier, den man den Herren und Damen zum Schlaftrunk gab, war verzehrt für 2 400 Gulden, an Tischwein aber für 68 Fuder." – Manch einer der Gäste bei Ludwigs Hochzeit wird Jahre später auch an jener noch prächtigeren Landshuter Hochzeit von 1475 teilnehmen und beim Schluck aus dem Weinkrug und dem Biss in eine fetttriefende Keule einen fachmännischen Vergleich ziehen. Ob die Größe des Gelages und die Qualität von Speise und Trank wohl einen Schluss auf die folgenden Regierungsjahre zulassen?

BIS BALD
FORTSETZUNG FOLGT

QUELLEN UND LITERATUR (AUSWAHL):

Bauer, Hans-Peter: Landshuter Straßennamen. Herkunft, Bedeutung und Geschichte. Landshut 2002.

Baur, Veronika: Kleiderordnungen in Bayern vom 14. bis zum 19. Jahrhundert (Miscellanea Bavarica Monacensia, Heft 62). Diss. München 1975.

Becher, Hans-Dieter: Landshut (Historischer Atlas von Bayern, Teil Altbayern, Heft 43). München 1978.

Beckenbauer, Alfons: Glanz und Prunk bei Hochzeiten und Trauerfeiern, in: Landshuter Zeitung vom 24. Juni 1978.

Binding, Günther: Baubetrieb im Mittelalter. Darmstadt 1993.

Bulst, Neithard: Der Schwarze Tod, in: Saeculum 30, 1979, S. 45 bis 67.

Emslander, Hans: Die Landshuter Hl. Geistkirche. Landshut 2000.

Fuhrmann, Horst: Einladung ins Mittelalter. München 1987.

Haller, Hanns: Das Turmkränzlein. Landshut ^{3}1988.

Herzog, Theo: Landshuter Urkundenbuch. Neustadt an der Aisch 1959.

Herzog, Theo: Zur Geschichte des Bauhandwerks in Landshut vom 14. bis 19. Jahrhundert. Landshut 1963.

Kalcher, Anton: Rückblicke auf die Landshuter Stadt- und Bürgergeschichte, in: Kurier für Niederbayern, 26. 11. 1889.

Kirmeier, Josef: Die Juden und andere Randgruppen. Zur Frage der Randständigkeit im mittelalterlichen Landshut. Diss. München. Sonderveröffentlichung des Historischen Vereins für Niederbayern. Landshut 1988.

Knesch, Günther: Ein Dach für St. Martin. Landshut 2000.

Pollinger, Johann: Aus Landshut und Umgebung. München 1908.

Riezler, Sigmund: Geschichte Baierns. Dritter Band. Gotha 1889.

Schmid, Hermann: Backstein-Architektur am Bürgerhaus zu Landshut im 15. und 16. Jahrhundert. Diss. München 1931.

Schwarz, Hans-Peter (Hg.): Die Architektur der Synagoge. Frankfurt 1988.

Spitzlberger, Georg: Die Juden im mittelalterlichen Landshut. Verhandlungen des Historischen Vereins für Niederbayern, 110. - 111. Band. Landshut 1984 - 1985.

Spitzlberger, Georg: Alte Landshuter Orts-, Flur- und Straßennamen. Verhandlungen des Historischen Vereins für Niederbayern 120. - 121. Band. Landshut 1994 - 1995.

Spitzlberger, Georg: Landshuter Plattnerkunst. Landshut 1975.

Stadtarchiv Ingolstadt (Hg.): Bayern - Ingolstadt, Bayern - Landshut 1392 - 1506. Glanz und Elend einer Teilung. Begleitband zur Ausstellung des Stadtarchivs, der Wissenschaftlichen Stadtbibliothek und des Stadtmuseums Ingolstadt. Ingolstadt 1992.

Staudenraus, Alois: Chronik der Stadt Landshut in Bayern. Erster Teil. Landshut 1832.

Straus, Raphael: Die Judenpolitik Herzog Heinrichs des Reichen von Landshut, in: Zeitschrift für die Geschichte der Juden in Deutschland (ZGJD) 1, 1929.

Straus, Raphael: Ein Landshuter Judeneid aus dem 14. Jahrhundert, in: Zeitschrift für die Geschichte der Juden in Deutschland (ZGJD) 5, 1935.

Vasold, Manfred: Pest, Not und schwere Plagen. Seuchen und Epidemien vom Mittelalter bis heute. München 1991.

Vasold, Manfred: Die Pest. Ende eines Mythos. Stuttgart 2003.

Von Mehreren: Geschichte der Stadt Landshut in Baiern. Landshut 1835.

EIN DANKESCHÖN DEN EDLEN SPENDERN

IMPRESSUM:

LANDSHUTER STADTGESCHICHTE
ZEICHNUNGEN THOMAS WEYH
TEXTSEITEN WERNER EBERMEIER
KONZEPTION UND GRAF. GESTALTUNG HELMUT STIX
HERAUSGEGEBEN VON DER STADT LANDSHUT
HERSTELLUNG:
HAUSLER BUCH- UND OFFSETDRUCK GMBH, LANDSHUT
BUCHB. VERARBEITUNG:
CONZELLA VERLAGSBUCHBINDEREI, MÜNCHEN
ISBN 3-927612-21-9